UTB

W0318078

UTB 3008

Eine Arbeitsgemeinschaft der Verlage

Böhlau Verlag · Köln · Weimar · Wien
Verlag Barbara Budrich · Opladen · Farmington Hills
facultas.wuv · Wien
Wilhelm Fink · München
A. Francke Verlag · Tübingen und Basel
Haupt Verlag · Bern · Stuttgart · Wien
Julius Klinkhardt Verlagsbuchhandlung · Bad Heilbrunn
Lucius & Lucius Verlagsgesellschaft · Stuttgart
Mohr Siebeck · Tübingen
C. F. Müller Verlag · Heidelberg
Orell Füssli Verlag · Zürich
Verlag Recht und Wirtschaft · Frankfurt am Main
Ernst Reinhardt Verlag · München · Basel
Ferdinand Schöningh · Paderborn · München · Wien · Zürich
Eugen Ulmer Verlag · Stuttgart
UVK Verlagsgesellschaft · Konstanz
Vandenhoeck & Ruprecht · Göttingen
vdf Hochschulverlag AG an der ETH Zürich

UTB Profile

Irene Berkel

Sigmund Freud

Wilhelm Fink

Die Autorin: Irene Berkel, Religions- und Kulturwissenschaftlerin, lehrt derzeit an der Universität Innsbruck und der Ruhr-Universität Bochum. Davor war sie Wissenschaftliche Mitarbeiterin am Religionswissenschaftlichen Institut der Freien Universität Berlin sowie Lehrbeauftragte am Kulturwissenschaftlichen Institut und am Zentrum für transdisziplinäre Geschlechterstudien der Humboldt-Universität zu Berlin. Zuletzt erschienen: »Mißbrauch als Phantasma. Zur Krise der Genealogie«, Wilhelm Fink München 2006.

Bibliografische Information der Deutschen Nationalbibliothek.

Die Deutsche Nationalbibliothek verzeichnet diese Publikation in der Deutschen Nationalbibliografie; detaillierte bibliografische Daten sind im Internet über http: //dnb.d-nb.de abrufbar.

Wilhelm Fink Verlag GmbH & Co. Verlags-KG, Jühenplatz 1–3, 33098 Paderborn
ISBN: 978-3-7705-4605-3

Printed in Germany
Satz: Ruhrstadt Medien, Castrop-Rauxel
Layout & Einbandgestaltung: Alexandra Brand auf Grundlage der UTB-Reihengestaltung von Atelier Reichert, Stuttgart
Herstellung: Ferdinand Schöningh GmbH, Paderborn

UTB-Bestellnummer: ISBN 978-3-8252-3008-1

Inhalt

Einführung

Freud im Profil

Serviceteil:

Einführung: Ein Denker des 20. Jahrhunderts, Tabubrecher und Aufklärer

Die Erfindung und Begründung der Psychoanalyse als Wissenschaft vom Unbewussten zu Beginn des 20. Jahrhunderts durch Sigmund Freud (1856–1939) hat das Bild vom Menschen und das Verständnis von Kultur grundlegend verändert. Freuds Psychoanalyse ruht auf drei Säulen: einer psychoanalytischen Methode, einer allgemeinen Theorie oder Metapsychologie und einer Krankheitslehre.

Über sein Genie als Erforscher des Unbewussten hinaus besaß Freud einen ausgeprägten pragmatischen Sinn und war darum bemüht, seine Lehre als einheitliches Werk zu bewahren und zu verbreiten. Zusammen mit seinen Anhängern betrieb er zielstrebig die Institutionalisierung und internationale Ausbreitung der Psychoanalyse. Diese erfolgte über die Gründung einer Internationalen psychoanalytischen Bewegung im Jahr 1910, die von vier verschiedenen Zentren Wien, Budapest, Berlin und Zürich ihren Ausgang nahm. Darüber hinaus bot die Gründung und Herausgabe verschiedener psychoanalytischer Zeitschriften ab dem Jahr 1909 der noch jungen psychoanalytischen Vereinigung ein Forum für theoretische Auseinandersetzungen und Entwicklungen. Mit der Begründung eines psychoanalytischen Heilverfahrens für seelische Erkrankungen entstand der Beruf des Psychoanalytikers sowie eine neue therapeutische Praxis.

Freud begann als begabter junger Naturwissenschaftler, Arzt und Neurologe. Nachdem er zunächst einige Jahre mit physiologischen Forschungen und anschließend mit neuropsychologischen Fragestellungen verbracht hatte, stellte er nach und nach fest, dass sich das Seelenleben nicht rein naturwissenschaftlich erfassen ließ. In der Folge ging Freud dazu über, die seelischen Erkrankungen, wie sie sich ihm in seiner Praxis darboten, psychologisch zu erklären und dafür ein eigenes Verfahren zu entwickeln. Mithilfe der psychoanalytischen Methode war es zum ersten Mal möglich, die Herkunft und den Mechanismus seelischer Erkrankungen zu verstehen.

Freuds Originalität bestand darin, die Psychoanalyse für andere Wissenschaften zu öffnen und aus ihnen zahlreiche Anregungen für seine eigene Arbeit zu gewinnen. Um seine Einsichten in die unbewussten seelischen Vorgänge sowohl zu bestätigen als auch zu vertiefen, zog Freud ästhetische, literarische, mythologische und kulturelle Phänomene heran und wehrte sich stets dagegen, den Wissensstoff zu verengen. Indem Freud die psychoanalytischen Erkenntnisse auf andere Wissensgebiete ausdehnte und Beziehungen zwischen diesen und den pathologischen Erscheinungen des Seelenlebens herstellte, wurde er zu einem Wegbereiter der grenzüberschreitenden interdisziplinären Behandlung von Gegenständen und Problemfeldern.

Umgekehrt erwartete Freud, dass die Psychoanalyse Eingang in andere Wissensgebiete finden würde. In einem in der internationalen Zeitschrift »Scientia« veröffentlichten Aufsatz mit dem Titel »Das Interesse an der Psychoanalyse« (1912) erläuterte er die Brauchbarkeit und Anwendung psychoanalytischer Erkenntnisse auf Probleme und Gegenstände der Sprachwissenschaften, der Philosophie, der Kulturgeschichte, der Kunstwissenschaft, der Soziologie und Pädagogik.

Obwohl die Psychoanalyse nicht in das allgemeine geisteswissenschaftliche Bewusstsein eingedrungen ist, eröffnete sie einer Reihe von Fächern neue Denkräume und Gegenstandsbereiche. Unter ihnen befinden sich heute die neuere Literaturwissenschaft, die Filmwissenschaft, die Gender-Studies, die Kulturgeschichte und die Religionswissenschaft. Vor allem für die Kulturwissenschaft, die sich seit den 80er-Jahren an den deutschen Universitäten als interdisziplinäres Fach etabliert hat, ist die Psychoanalyse sowohl Teil der Begründung des Faches als auch Gegenstand kulturwissenschaftlicher Forschung.

Der Tabubrecher

Freuds Erkenntnis, dass der größte Teil des Seelenlebens unbewusst vor sich geht, erschütterte die traditionelle Gleichsetzung des Bewusstseins mit dem Psychischen. Alle Äußerungen des Seelenlebens sind Freud zufolge sexueller Herkunft. Das gilt für die pathogenen Erscheinungen des Seelenlebens, die auf sexuelle Konflikte beziehungsweise die Unterdrückung und Verdrängung sexueller Triebwünsche zurückzuführen sind; sexuelle Triebkräfte liegen aber auch den höchsten kulturellen Errungenschaften und sublimsten Kulturbildungen wie der Religion, der Kunst und den wissenschaftlichen Leistungen zugrunde. Diese Auffassung des Seelenlebens gilt vielen als skandalös und beleidigend.

Obwohl auf seine Erkenntnisse mit Ablehnung und teilweise offener Feindseligkeit reagiert wurde, zeigte sich Freud davon unbeeindruckt. Gegen alle Widerstände hielt er unerschrocken und unbeirrt an seinen Überzeugungen und dem Primat der Sexualität fest.

Der Aufklärer und Optimist

Freud war davon überzeugt, dass die Psychoanalyse eine strenge Wissenschaft ist und als solche dazu bestimmt, dem Menschen einen Weg aus seinen Verstrickungen, seiner Unwissenheit, seinen Illusionen und abergläubischen Vorstellungen zu weisen. Als Aufklärer wollte Freud dazu beitragen, den Menschen aus seinen Verstrickungen zu befreien, seine Bedingungen zu verbessern und die Gesellschaft zu entpathologisieren. In diesem Sinne sollte eine Erziehung auf psychoanalytischer Grundlage die sozialen Einrichtungen wie Familie und Schule verändern. Die Psychoanalyse enthält in ihrem Kern ein Reformprogramm der Kultur.

Der Pessimist

Ab dem 1. Weltkrieg stößt Freuds Hoffnung, dass die Psychoanalyse wesentlich zur Verbesserung der menschlichen Bedingungen, der sozialen Einrichtungen und des Zusammenlebens beitragen könne, an eine Grenze. Durch die Beobachtung der zerstörerischen Anteile des Seelenlebens und der Kultur, wie sie in den historischen Ereignissen deutlich zutage traten, wird seine Auffassung von der menschlichen Natur und der Kultur deutlich pessimistischer. Vor diesem Hintergrund formuliert Freud seine Triebtheorie neu und deutet die individuellen und kulturellen Konflikte als einen Kampf zwischen sexuellen und destruktiven Triebkräften, zwischen Lebens- und Todestrieben. Dieser tief greifende Wandel innerhalb seiner Theorie ist ein Beweis dafür, dass Freud stets die Wirklichkeit und die realen gesellschaftlichen und kulturellen Prozesse im Auge hatte.

Freuds Erbe

Die internationale Verbreitung und Weiterentwicklung der Psychoanalyse im 20. Jahrhundert ist eine Geschichte des Erfolges und der Konflikte. Im Verlauf ihres Bestehens kam es mehrfach zu Abspaltungen, die für die heutige Vielfalt psychoanalytischer Richtungen verantwortlich sind. Der Grund lag meist in unterschiedlichen Auffassungen zu theoretischen und klinischen Fragen wie auch zu Fragen der psychoanalytischen Ausbildung. Die Organisation der Psychoanalyse erstreckt sich heute auf die verschiedenen psychoanalytischen Gruppen und auf weltweite Assoziationen. Auf dem europäischen Kontinent zählen Melanie Klein und Jacques Lacan zu den wichtigsten Nachfolgern Freuds und schulbildenden Neuerern.

Von England ausgehend, entfaltete die kleinianische Psychoanalyse oder Objektbeziehungstheorie den größten Einfluss. Als Kinderanalytikerin entwickelte Melanie Klein ein tieferes Verständnis für die frühkindlichen Konflikte. Während bei Freud der ödipale Konflikt zwischen Vater und Sohn im Mittelpunkt von Individuation und Kultur stand, verlagerte Klein den Akzent auf die frühkindliche präödipale Mutterbeziehung, die Freud vernachlässigt hatte. Sie interessierte sich vor allem für die Beziehungen des Kindes zu seinen Objekten der Phantasie. Im Zusammenhang mit der Konzentration auf die frühkindlichen Objekterfahrungen wird häufig die Entsexualisierung der psychoanalytischen Theorie beklagt.

Der französische Psychoanalytiker Jacques Lacan plädierte in den 60er-Jahren für eine ›Rückkehr zu Freud‹ und setzte den Vater wieder in seine alten Rechte ein. Das Gesetz des Vaters ist Lacan zufolge unhintergehbar. Unter dem Einfluss der Sprachwissenschaft und des Strukturalismus rückte Lacan die fundamentalen Strukturen der Psyche ins Zentrum. Dementsprechend war nach Lacan das Unbewusste, »wie eine Sprache strukturiert«. Es ist der Person Lacans zu danken, dass die Psychoanalyse in Frankreich in das allgegmeine gesellschaftliche Bewusstsein Eingang gefunden hat.

Aktuelle Entwicklungen

Die Einwände gegen die Psychoanalyse sind bis heute nicht verstummt. Während Freuds Erbe in den einzelnen psychoanalytischen Vereinigungen immer noch lebendig ist, ist gesamtgesellschaftlich eine kritische Haltung gegenüber der Psychoanalyse zu beobachten. Mit dem Siegeszug der Verhaltenswissenschaften trat das behavioristische Menschenbild und ein ihm entsprechendes kurzzeitiges Therapieverfahren in Konkurrenz zur Psychoanalyse. Die Verhaltenstherapien gelten als sicherer, vor allem als wirtschaftlicher und effizienter als die psychoanalytischen Langzeittherapien. Der Anspruch des psychoanalytischen Heilverfahrens auf eine existenzielle Veränderung des Patienten widerspricht der Vorstellung, die Befindlichkeit eines Patienten in nur wenigen Sitzungen verbessern zu können.

Mit dem Aufstieg der Neurowissenschaften und der Hirnforschung in den letzten fünfzehn Jahren zeichnet sich eine interessante Entwicklung ab. Vor allem der englische Neurologe und Psychoanalytiker Mark Solms ist darum bemüht, die psychoanalytischen Konzepte Freuds neurowissenschaftlich zu erforschen, die auf diese Weise zum Teil eine naturwissenschaftliche Bestätigung erfahren. Dies ist durch neue bildgebende Verfahren möglich geworden, mit deren Hilfe sich die physiologischen Vorgänge im Gehirn erfassen lassen.

Neue Anstöße kamen auch aus der empirischen Säuglingsforschung und der Bindungsforschung. Sie wirkten sich ebenso auf die Konzepte der kindlichen Entwicklung aus, die teilweise revidiert und erweitert wurden, wie auf die klinische Behandlung.

Für die Zukunft ist zu wünschen, dass die Psychoanalyse im öffentlichen Diskurs wieder eine größere Rolle spielt. Der Eindruck, dass gegenwärtig eine große Skepsis, wenn nicht Ablehnung gegenüber der Psychoanalyse herrscht, ändert nichts an der Tatsache, dass ein tieferes Verständnis individueller und kultureller Phänomene und Konflikte auf psychoanalytische Erkenntnisse und Einsichten nicht verzichten kann.

Freud im Profil

1

Die Entdeckung des Unbewussten

Die Entdeckung des Unbewussten und die Begründung der Psychoanalyse durch Freud setzten mit der Erforschung der Hysterie ein. Als junger Neurophysiologe ging Freud im Jahr 1885 für mehrere Monate nach Paris zu Jean-Martin Charcot, dem bedeutenden und international anerkannten französischen Neurologen. Charcot hatte eine neue Theorie und Klinik der Neurologie entwickelt, 1882 an der Salpêtrière die Einrichtung eines Lehrstuhls für klinische Nervenkrankenheiten erwirkt und mit diesem Schritt die Neurologie als eigenständige Disziplin etabliert.

Bis zu diesem Zeitpunkt stand die Hysterie unter dem Verdacht, eine ausschließlich weibliche Form der Simulation und Einbildung zu sein. Die Definition der Hysterie ging auf Hippokrates aus dem 5. Jahrhundert v. Chr. zurück, der den Sitz der als typisch weiblich geltenden Krankheit in der Gebärmutter (griech.: hystera) vermutete. Die seit der Antike herrschende Ansicht, Hysterie sei eine organische Erkrankung uterinen Ursprungs, wich nun dem modernen Konzept der Neurose. Gegen Ende des 19. Jahrhunderts rückte sie in den Rang einer neurologischen Krankheit und ernst zu nehmenden klinischen Tatsache auf.

Charcot definierte sie erstmals als neurologische Erkrankung mit organischer oder erblicher Ursache. Er entdeckte, dass hysterische Symptome meist nach seelischen Traumen auftraten, und diagnostizierte sie zum ersten Mal auch bei männlichen Patienten. Wie viele zeitgenössische Neurologen ist Charcot von der Vielfalt der Symptome, ihrer Theatralität wie auch den besonderen hypnoiden und dissoziativen Bewusstseinszuständen der Hysterie fasziniert.

An seinen berühmten ›Leçons du mardi‹, den Dienstagsvorlesungen, nahm regelmäßig ein prominentes und illustres Publikum aus Ärzten, Wissenschaftlern, Schriftstellern und Künstlern teil. Vor seinen Augen demonstrierte Charcot die Wirksamkeit der Hypnose. Er setzte die hypnotische Methode als diagnostisches Mittel ein und ließ mit ihrer Hilfe bestehende Symptome bei Patienten verschwinden, wobei er diese nicht heilte, sondern lediglich unterdrückte und dabei manchmal neue hervorrief.

Wie Freud in seinem Nachruf auf Charcot bemerkte, hatte dieser die klinische Arbeit des »Sehen(s) und Ordnen(s)« gegen die »Übergriffe der theoretischen Medizin« verteidigt. Es war Charcots große Begabung, klinisch Neues zu sehen und zu entdecken, und sein Verdienst, sämtliche ihm zugänglichen Erscheinungsformen der Hysterie gesammelt, umfassend untersucht und systematisiert zu haben. Als eines Tages ein Hospitant eine klinische Beobachtung Charcots in Zweifel zog und mit den Worten abwehrte, das widerspreche doch der »Theorie von Young-Helmholtz«, antwortete Charcot: »La théorie, c'est bon, mais ça n`empêche pas d'exister.« (»Die Theorie, das ist gut, aber das kann nichts hindern, daß es existiert.«) Freud hielt ein Leben lang an dem Vorrang der Empirie fest.

Im Jahr 1889 suchte Freud einen weiteren berühmten französischen Psychiater, Hippolyte Bernheim, auf, der ihn mit den Techniken der Suggestion vertraut machte. Anders als Charcot nutzte Bernheim die verbale Suggestion, um die Patienten von ihren hysterischen Symptomen zu befreien. Durch Charcot und Bernheim gewann die Hysterie als seelische Tatsache an Bedeutung. Mit Freud wanderte sie in die Psychopathologie ein, indem er sie endgültig von der Neurologie trennte.

Die kathartische Methode

Bereits 1880 lernte Freud in Wien den um 14 Jahre älteren Josef Breuer, einen bekannten Internisten und Physiologen, kennen. Obwohl die Freundschaft der beiden Mitte der 90er-Jahre ihr Ende fand, war die Begegnung für Freud entscheidend und äußerst folgenreich.

Das berühmte Zeugnis ihrer Zusammenarbeit sind die »Studien über Hysterie«, die in den Jahren zwischen 1893–1895 entstanden. Breuer veröffentlichte darin eine Krankengeschichte unter dem Pseudonym Anna O., Freud vier eigene Fälle. Anna O., eine hochintelligente und begabte Patientin mit schweren hysterischen Symptomen, wurde von Breuer in der Zeit von 1880–1882 behandelt. Zum Zeitpunkt der Erkrankung ist die Patientin 21 Jahre alt. Ihr Krankheitsbild imponiert durch einen Reichtum an Symptomen wie Bewusstseinsspaltungen oder dissoziativen Zustände, abnormen hypnoiden Phasen, Halluzinationen, Lähmungserscheinungen, schweren Seh- und Sprachstörungen. In bestimmten Perioden wechselt sie die Sprache und kann sich nur in Englisch,

Französisch oder Italienisch artikulieren. Ihre Symptome erwirbt sie anlässlich einer tödlichen Erkrankung ihres Vaters, den sie während dieser Zeit pflegt und dem sie leidenschaftlich zugeneigt ist.

Anna O. wird häufig als Erfinderin der psychoanalytischen Kur genannt. Als sie eines Tages in einem ihrer hypnoiden Zustände Breuer ein Erlebnis, das im Zusammenhang mit dem zeitlichen Auftauchen eines Symptoms steht, schildert, verschwindet es. Von da an wiederholt sie das befreiende symptomlösende Ab- und Aussprechen der Schreckbilder und quälenden Erinnerungen. Anna O. charakterisierte den Vorgang zutreffend als »talking cure«, als Redekur, oder »chimney sweeping«, als Kaminfegen. Breuer machte sich ihre Einsicht als Heilverfahren zu eigen und bezeichnete es mit Blick auf die griechische Tragödie als Katharsis, als Reinigung. Mittels Hypnose werden die von der Erinnerung abgeschnittenen Anlässe für die hysterischen Symptome zugänglich und die ihnen zugehörigen unterdrückten Affekte abreagiert.

Anna O., mit bürgerlichem Namen Bertha Pappenheim, geht als erster Fall einer geglückten Therapie in die Geschichte der Psychoanalyse ein, auch wenn der Heilungserfolg begrenzt ist. Freud selbst hat sich unterschiedlich dazu geäußert. Tatsächlich hält sich Anna O. nach ihrer Behandlung durch Breuer einige Zeit in dem Schweizer Sanatorium von Robert Binswanger auf.

Die Anfänge der psychoanalytischen Methode

Nicht alle hysterischen Patientinnen waren für Breuers kathartische Methode des Abreagierens der pathogenen Erinnerungen im Zustand der Hypnose empfänglich. Ein weiterer Nachteil zeigte sich in ihrem begrenzten Erfolg. Sie enttäuschte die therapeutische Erwartung, denn sie beseitigte lediglich die Symptome, nicht aber die Ursachen. Unter dem Eindruck der verschiedenen klinischen Erfahrungen entwickelte Freud in den folgenden Jahren einen neuen Begriff von Krankheit und eine eigene psychoanalytische Technik, die das Verhältnis zwischen Arzt und Patient grundlegend veränderte. Insbesondere die weiblichen Patienten leisteten in diesem Prozess gute Dienste und Freud erwies sich als ihr aufmerksamer Zuhörer. So belehrte ihn Emmy von N., ihre Erlebnisse von sich aus schildern zu wollen, ohne auf suggestive Weise bedrängt und befragt zu werden. Schließlich hörte Freud auf, die Patienten zu beeinflussen, und ging dazu über, ihnen zu folgen. Er verließ die präanalytischen Methoden und verzichtete auf die Technik der Hypnose.

Mit diesem Verzicht setzt die Geschichte der eigentlichen Psychoanalyse ein. Er bereitet der Methode der ›freien Assoziation‹ und der daran anschließenden Deutungskunst den Weg, die zusammen das Bewusstwerden von Erlebnissen unter Hypnose ersetzen. Das spezifisch psychoanalytische Verfahren der freien Assoziation beruht auf der Annahme, dass die freien Einfälle zwar spontan, aber keineswegs zufällig erfolgen, sondern immer in einer inneren Verbindung mit den verborgenen, unbekannten Motiven eines Symptoms stehen. Als Zugang zum Unbewussten wurde die freie Assoziation später von Freud zur technischen Grundregel der psychoanalytischen Behandlung erhoben. Sie fordert den Patienten auf, frei zu assoziieren, also alle auftauchenden Vorstellungen, Gedanken und Gefühle dem Therapeuten mitzuteilen, ohne einen Einfall als unvernünftig, unsinnig oder unwichtig beiseitezuschieben, ohne angeblich nicht zur Sache Gehöriges aus der Mitteilung auszuschließen und ohne als peinlich, als beschämend und als unangenehm empfundene Gedanken zu übergehen.

Das hysterische Symptom als Produkt eines Abwehrvorgangs

Freud entdeckte die »Kraft des Widerstands«, der die Bewusstwerdung unbewusster Vorstellungen verhinderte. Sein Maß entspricht der ›Abwehr‹, die das Ich aufwendet, um einen Gedanken, der das Gefühl von Scham oder seelischem Schmerz wachruft, aus dem Bewusstsein zu verdrängen, also unbewusst zu machen. Pathogen wirkende Vorstellungen entstehen demzufolge aus dem Umstand, dass sie abgewehrt werden.

In der Hysterie wird die Vorstellung unschädlich gemacht, indem der Affekt von der Vorstellung getrennt wird. Der Affektbetrag oder die Erregungssumme übersetzt sich anschließend in ein körperliches Symptom. Die unerträgliche Vorstellung ist somit von einer weiteren Erledigung durch die bewusste Tätigkeit des Denkens, des Urteilens und der assoziativen Verarbeitung abgeschnitten. Die Abfuhr des Affektbetrags hatte nach Freud kathartische Wirkung. Wenn sie unterbleibt, wandelt sich ein unangenehmer Vorfall in eine traumatisierende Ursache und entfaltet auf diese Weise eine pathogene Wirkung. Der Konflikt taucht dann verschoben und als solcher unerkennbar in körperlichen Symptomen wieder auf, die den seelischen Schmerz vertreten. Der eben beschriebene Vorgang ist das wesentliche Merkmal der ›Konversionshysterie‹, bei der ein seelischer Konflikt durch die Konversion in somatische Symptome gelöst wird.

Lücken und Mängel in der Wiedergabe eines Erlebnisses sind stets ein sicheres Zeichen für unbewusste, dem Kranken verborgen gebliebene Motive. Da der Widerstand des Patienten einen einfachen Zugang zum pathogenen Erlebnis verhindert, sind zahlreiche Annäherungen durch assoziative Gedankenreihen zu seiner Aufklärung notwendig. Dieser Vorgang verweist einerseits auf die freie Assoziation und nimmt andererseits den psychoanalytischen Arbeitsbegriff vorweg, den Freud später in seiner behandlungstechnischen Schrift »Erinnern, Wiederholen und Durcharbeiten« (1914) ausführte.

Sexuelle Motive als Ursache hysterischer Symptome

Freud hörte aus den Berichten und Einfällen seiner Patientinnen zunehmend den erotischen Hintergrund und die Anspielungen auf sexuelle Wünsche und Konflikte heraus. Schon Breuer äußerte die Ansicht, dass »die große Mehrzahl der schweren Neurosen bei Frauen ... dem Ehebett entstamme«, ohne sich tatsächlich für die sexuelle Ätiologie der Hysterie zu interessieren. Zu diesem Zeitpunkt ist die inzestuöse ödipale Phantasie und der Ödipuskomplex als zentraler Konflikt der psychischen Entwicklung noch nicht entdeckt. Aus diesem Grund führte Freud in den »Studien« die hysterischen Symptome auf konkrete Umstände und Ereignisse zurück. Erst später erkannte Freud den Zusammenhang zwischen Hysterie und infantilen, aus der Zeit des Ödipuskomplexes stammenden Konflikten.

Die hysterischen Symptome von Elisabeth von R. sind beispielsweise der Tatsache geschuldet, dass sie in den Ehemann der Schwester verliebt ist. Als ihre Schwester schwer erkrankt und wenig später stirbt, steht sie wenige Zeit später gemeinsam mit ihrem Schwager am Totenbett. In diesem Augenblick durchzuckt sie der Gedanke: »Jetzt ist er wieder frei, und ich kann seine Frau werden.« In der Behandlung enthüllt die Reproduktion der Erinnerungen die unangenehme Vorstellung, die sich mit ihren moralischen Ansprüchen als unvereinbar erweist. Die peinliche und schuldbeladene Empfindung, unmoralisch und schlecht zu sein, führt zur Konversion in somatische Symptome. Diese und andere Fallgeschichten überzeugten Freud davon, dass die »Ätiologie in *sexuellen* Momenten zu suchen sei«.

Der Begriff der ›Verdrängung‹ als der zentrale Abwehrmechanismus der Hysterie ist in den »Studien über Hysterie« noch nicht entwickelt. Damals ging Freud davon aus, dass unangenehme Vorstellungen, meist sexueller Herkunft, vom Bewusstsein abgehalten werden.

Das hysterische Symptom als Erinnerungssymbol

Der Fall von Cäcilie M. vermittelt einen guten Einblick in die symbolische Determiniertheit der hysterischen Symptome. Die Patientin leidet an einer sehr schmerzhaften Gesichtsneuralgie, die mehrmals im Jahr auftritt und nach wenigen Tagen wieder verschwindet. Freud setzte in ihrem Fall die Hypnose ein. Nach hundertfacher Wiederholung gelang es ihm schließlich, die traumatische Szene hervorzurufen. Die Patientin kann sich endlich an eine sehr kränkende Bemerkung ihres Ehemannes erinnern, »faßte sich plötzlich an die Wange, schrie vor Schmerz laut auf und sagte: Das war mir wie ein Schlag ins Gesicht.« Nach diesem Einfall verschwindet die Gesichtsneuralgie. Sie war der symbolische Ausdruck für die erlittene Kränkung und belegte Freuds Annahme, dass »eine ununterbrochene Reihe von den unveränderten *Erinnerungsresten* affektvoller Erlebnisse und Denkakte bis zu den hysterischen Symptomen, ihren *Erinnerungssymbolen*« führt.

Die Traumdeutung als die »Via regia zur Kenntnis des Unbewußten«

»Die Traumdeutung« entstand in den Jahren zwischen 1890 und 1899. Sie erschien im November 1899, wurde jedoch in das erste Jahr des neuen Jahrhunderts, das Jahr 1900, vordatiert. Ein symbolisches Datum, in dem sich die zukünftige Bedeutung der Person Freuds und seines Werkes für das 20. Jahrhundert ankündigte.

Träume haben in der Menschheitsgeschichte stets eine besondere Wertschätzung erfahren. Sie sind ein universelles psychisches Phänomen, primitiven wie zivilisierten Kulturen gemeinsam. Ihre Enträtselung folgt dem jeweils herrschenden kulturellen Code und symbolischen Deutungsschlüssel. Über Jahrhunderte dienten Träume dazu, aus ihnen die Zukunft herauszulesen. In diesen frühen Traumtheorien war der Träumer das Medium einer höheren göttlichen oder dämonischen Instanz. Nach der literarischen und mystischen Vereinnahmung der Träume durch die Romantik setzte in der Mitte des 19. Jahrhunderts ein wissenschaftliches Erkenntnisinteresse an den Träumen ein. Zum Ende des Jahrhunderts fand sich – Didier Anzieu zufolge – »die Frage des Traums auf der Tagesordnung der psychologischen, medizinischen und literarischen Forschung«.

Das Neue an Freuds Traumtheorie ist, dass er den Traum als Teil des seelischen Lebens deutet. Er löste das Rätsel des Traums, indem er ihn tiefenpsychologisch begründet: Der Traum ist ein Produkt des unbewussten Denkens, Ausdruck verdrängter Wünsche und schlägt eine Brücke zwischen der Kindheit des Träumers und seiner Gegenwart. Durch das Verständnis des Traumprozesses ist es zum ersten Mal möglich, die eigenen Träume zu verstehen, ihren Sinn und ihre Bedeutung zu entziffern. Wie Hermann Beland bemerkt, hat dieses Werk »die Selbsterkenntnis der Menschheit unwiderruflich um die ganze Dimension des Unbewußten erweitert und eine via regia, einen königlichen Weg eröffnet, die Übertragungen des unbewußten Denkens auf das Bewußtsein zu verstehen ... Es ist mehr als ein Jahrhundertwerk.«

Freuds Selbstanalyse

Freuds Interesse an Träumen war einerseits durch Patienten angeregt worden, die unaufgefordert hin und wieder ihre Träume berichteten. Andererseits befand er sich im Alter von 39 Jahren in einer seelischen Krise, die ihn motivierte, die eigenen Träume zu analysieren. In diese Zeit fiel der berühmte Traum von »Irmas Injektion«, dessen Entschlüsselung Freud als das erste Beispiel einer gelungenen Traumdeutung wertete. Mit ihm nahm seine umfangreiche Selbstanalyse ihren Anfang, der er sich nach dem Tod seines Vaters im Oktober 1896 verstärkt und systematisch unterzog. Die Selbstanalyse ist für Freud unverzichtbar, um die eigene Krise zu überwinden, aber auch um auf dem noch weithin unerforschten Kontinent des Unbewussten voranzukommen. Infolgedessen sind viele intime Details aus Freuds intensivem Studium der eigenen Träume in die »Traumdeutung« eingeflossen. Knapp ein Viertel des Beweismaterials für seine Traumtheorie stammte von ihm selbst. Der autobiografische Hintergrund zwang ihn zu manchen Rücksichten, die sich für die Rezeption und das Verständnis der Theorie zum Teil nachteilig auswirkten.

Aus der schöpferischen Krise geht die »Traumdeutung« hervor. Die Selbstanalyse wird daher von vielen als »Gründungsakt der Psychoanalyse« betrachtet. Im Vorwort zur zweiten Auflage bekannte Freud: »Für mich hat dieses Buch nämlich noch eine andere subjektive Bedeutung ... Es erwies sich mir als ein Stück meiner Selbstanalyse, als meine Reaktion auf den Tod meines Vaters, also auf das bedeutsamste Ereignis, den einschneidendsten Verlust im Leben eines Mannes.«

Ein Traum von historischer Bedeutung: »Irmas Injektion«

Der Traum von »Irmas Injektion« vom 23./24. Juli 1895 ist beispielhaft für das Wesen und die Bedeutung des Traumprozesses.

Der Traumbericht: »*Eine große Halle – viele Gäste, die wir empfangen. – Unter ihnen Irma, die ich sofort beiseite nehme, um gleichsam ihren Brief zu beantworten, ihr Vorwürfe zu machen, daß sie die ›Lösung‹ noch nicht akzeptiert. Ich sage ihr: Wenn du noch Schmerzen hast, so ist es wirklich nur deine Schuld. – Sie antwortet: Wenn du wüßtest, was ich für Schmerzen jetzt habe im Hals, Magen und Leib, es schnürt mich zusammen. – Ich erschrecke und sehe sie an. Sie sieht bleich und gedunsen aus; ich denke, am Ende übersehe ich da doch etwas Organisches. Ich nehme sie zum Fenster und schaue ihr in den Hals. Dabei zeigt sie etwas Sträuben wie die Frauen, die ein künstliches Gebiß tragen. Ich denke mir, sie hat es doch nicht nötig. – Der Mund geht dann auch gut auf, und ich finde rechts einen großen weißen Fleck, und anderwärts sehe ich an merkwürdigen krausen Gebilden, die offenbar den Nasenmuscheln nachgebildet sind, ausgedehnt weißgraue Schorfe. – Ich rufe schnell Dr. M. hinzu, der die Untersuchung wiederholt und bestätigt ... Dr. M. sieht ganz anders aus als sonst; er ist sehr bleich, hinkt, ist am Kinn bartlos ... Mein Freund Otto steht jetzt auch neben ihr, und Freund Leopold perkutiert sie über dem Leibchen und sagt: Sie hat eine Dämpfung links unten, weist auch auf eine infiltrierte Hautpartie an der linken Schulter hin (was ich trotz des Kleides wie er spüre) ... M. sagt: Kein Zweifel, es ist eine Infektion, aber es macht nichts; es wird noch Dysenterie hinzukommen und das Gift sich ausscheiden ... Wir wissen auch unmittelbar, woher die Infektion rührt. Freund Otto hat ihr unlängst, als sie sich unwohl fühlte, eine Injektion gegeben mit einem Propylpräparat, Propylen ... Propionsäure ... T r i m e t h y l a m i n (dessen Formel ich fettgedruckt vor mir sehe) ... Man macht solche Injektionen nicht so leichtfertig ... Wahrscheinlich war auch die Spritze nicht rein.*«

Die Deutung: Kurze Zeit vor dem Traum hatte Freud von einem Kollegen erfahren, dass die Hauptperson Irma, seine Patientin, sich in keinem guten Zustand befand, obwohl die Kur beendet war. Die Nachricht überbrachte Otto in vorwurfsvollem Ton.

Freud veranschaulichte an diesem Beispiel seine Methode: Er geht die wichtigen Passagen systematisch durch, ergänzt seine Einfälle und Assoziationen und deutet sie. Der Traum ereignet sich wenige Tage vor dem Geburtstagsfest seiner Frau, zu dem auch Irma erwartet wird. Die Vorwürfe an Irma dienen der Abwehr eigener Schuldgefühle. Die im Traum geäußerte Angst, er könne etwas übersehen haben, ist ebenfalls Ausdruck einer Schuldabwehr und eines Wunsches. Wäre die Herkunft ihrer Symptome tatsächlich organischer Natur, fielen sie nicht in sein Gebiet. Die nächste Traumsequenz, in der Irma sich sträubt, verweist auf zwei andere Personen: eine Freundin, die Freud gerne als Patientin hätte, die jedoch seine Dienste noch nicht in Anspruch genommen hat, sich also sträubt; eine weitere Person, die im Traum durch die falsche Zähne vertreten ist und die er keinesfalls therapieren möchte. Der Traumabschnitt mit den Kollegen Dr. M. und Otto, dem Überbringer der schlechten Nachricht vor dem Traum, bestätigt, dass die Symptome organisch bedingt sind. Es handelt sich um eine Infektion. Noch dazu von Otto verursacht, der Irma kürzlich eine Injektion vermutlich mit unreiner Spritze verabreichte. Die Formel ›Trimethylamin‹ verweist auf Wilhelm Fließ, den wichtigsten Freund Freuds, und – über dessen Theorie einer Sexualchemie – auf die Rolle der Sexualität in der Ätiologie der Hysterie. Der Traum befreit Freud von den Vorwürfen. Ihn trifft keine Schuld an Irmas Symptomen. Es ist das zentrale Wunschmotiv, das der Traum erfüllt.

Die Entstehung des Traumes

Obwohl Freud seine Traumtheorie bis 1925 immer wieder überarbeitete, blieben seine grundlegenden Annahmen im Großen und Ganzen unangetastet. Bis zum Ende hielt Freud an seiner Hypothese vom »Traum als Hüter des Schlafes« fest. Der Schlafwunsch behält unter allen Wünschen Priorität. Um während des Schlafens einen bestimmten Trauminhalt zu träumen, bedarf es eines rezenten aktuellen Ereignisses. Dieser ›Tagesrest‹ verbindet sich mit der Entwicklungsgeschichte des Träumers, mit verdrängten Kindheitswünschen und seelischen Konflikten.

Es ist ein Grundsatz der Freud'schen Traumtheorie, dass jeder Traum eine Wunscherfüllung darstellt. »*Der Traum ist die (verkleidete) Erfüllung eines (unterdrückten, verdrängten) Wunsches.*« Der Traumwunsch kann von Sinnesreizen herrühren, von Eindrücken der jüngsten Vergangenheit oder aus Kindheitssituationen. Die Wunscherfüllungsfunktion lässt sich besonders gut an den Bequemlichkeitsträumen oder den Träumen von Kindern illustrieren. Im ersten Fall wird ein von außen oder innen kommender Sinnesreiz in den Traum aufgenommen und als erfüllt dargestellt, sodass der Träumer weiterschlafen kann. Die Wunscherfüllung im Traum ersetzt die im Wachzustand notwendige Handlung. Im Falle eines Durstreizes träumt der Schläfer – statt zu erwachen – eine Szene, in der das Durstgefühl gestillt wird. Im zweiten Fall handelt es sich um einfache

Wunscherfüllungen, die sich im Traum mehr oder weniger unverhohlen äußern und leicht zu deuten sind.

Nicht alle Wunscherfüllungen liegen so offenkundig zutage; in der Regel sind sie das Ergebnis einer mühevollen Analyse. Denn der unbewusste Wunsch findet nicht auf direktem Wege seinen Ausdruck, sondern lediglich in entstellter Form. Seine Entstellung erfolgt nach den Gesetzen des Unbewussten.

Original und Übersetzung des Traumes

Das Kapitel über die Traumarbeit ist den Funktionsweisen des Unbewussten gewidmet. Das, was der Träumer von seinen nächtlichen Träumen am Morgen erinnert, bezeichnete Freud als den ›manifesten Trauminhalt‹. Dem manifesten Traum liegt eine Fülle von psychischem Material, die sogenannten »latenten Traumgedanken«, zugrunde. »Traumgedanken und Trauminhalt liegen vor uns wie zwei Darstellungen desselben Inhaltes in zwei verschiedenen Sprachen, oder besser gesagt, der Trauminhalt erscheint uns als eine Übertragung der Traumgedanken in eine andere Ausdrucksweise, deren Zeichen und Fügungsgesetze wir durch die Vergleichung von Original und Übersetzung kennenlernen sollen.« Die Traumgedanken werden einer unbewussten Bearbeitung unterzogen, die dem manifesten Trauminhalt den rätselhaften und zuweilen absurden Charakter verleiht.

Die Entstellung ist ein Produkt der ›Traumarbeit‹, die sich durch die Mechanismen der ›Verdichtung‹, ›Verschiebung‹ und ›Rücksicht auf Darstellbarkeit‹ vollzieht. Diese Arbeit findet gleichsam unter Aufsicht eines Traumzensors statt. Die ›Zensur‹ lässt die Wunschregungen des Träumers ganz selten unmittelbar, sondern nur in entstellter Form zu. »Wir dürfen also als die Urheber der Traumgestaltung zwei psychische Mächte (Strömungen, Systeme) im Einzelmenschen annehmen, von denen die eine den durch den Traum zum Ausdruck gebrachten Wunsch bildet, während die andere eine Zensur an diesem Traumwunsch übt und durch diese Zensur eine Entstellung seiner Äußerung erzwingt.« Aus der Entdeckung unbewusster Vorgänge folgt Freuds metapsychologische Annahme von zwei verschiedenen psychischen Systemen. Es ist das erste topische Modell des Seelenlebens. Freud unterscheidet zwischen dem ›System Unbewußt (Ubw)‹ und dem ›System Vorbewußt (Vbw)‹, denen verschiedene Arbeitsweisen, die sogenannten Primär- und Sekundärprozesse, entsprechen.

Wie schon bei der Erforschung der Genese und psychischen Bedeutung der hysterischen Symptome ist die Mitarbeit des Träumers und die Produktion spontaner Einfälle zur Aufdeckung der latenten Traumgedanken unverzichtbar. Sie sind der beste Weg zur Kenntnis des Originals. Der Traumdeuter leistet anhand des Traumberichts und der Einfälle des Träumers die Rückübersetzung des Traumbildungsprozesses. Wo jedoch die Assoziation versagt, wird das Regelsymbol herangezogen.

Die Mechanismen der Traumarbeit

Wie kommt der manifeste Trauminhalt zustande? Die Übersetzung in die manifeste Traumsprache geschieht durch eine umfassende Verdichtungsarbeit. Ihr zufolge werden mehrere Traumgedanken nach dem Prinzip der Ähnlichkeit und Identität zu einer einzigen Vorstellung verdichtet. Im oben genannten Traum verkörpert Irma die für den Traum charakteristische Sammel- und Mischperson. Mehrere Personen werden über ein gemeinsames oder mehrere Merkmale miteinander identifiziert und zu einer einzigen Figur verdichtet.

Neben der Bedeutungsverdichtung findet innerhalb der einzelnen Traumelemente eine Verschiebung der Intensitäten statt, die einer »Umwertung aller psychischen Werte« gleichkommt. Ein Element des Traumes, welches der Träumer nach dem Erwachen besonders klar und vollständig erinnert, kann auf das Gegenteil, nämlich auf eine geringe Bedeutung des latenten Traumgedankens, verweisen. Analog dazu kann eine völlig unbedeutend und nebensächlich erscheinende Einzelheit des manifesten Traums den bedeutsamsten latenten Traumgedanken vertreten.

Die ›Rücksicht auf Darstellbarkeit‹ beschreibt die Transformation der Traumgedanken in visuelle Bilder und Szenen. Des Weiteren können die Traumgedanken durch Symbole dargestellt werden. Freud führte eine große Zahl von invarianten Symbolen an, die mehrheitlich symbolische Darstellungen der Genitalien und sexueller Vorgänge waren. Unter diesen verkörpern zum Beispiel Hut, Stock und Schlange das männliche Genitale, Schachteln und Gefäße aller Art das weibliche Genitale, das Treppensteigen den Geschlechtsverkehr.

Die besondere Wirkungsweise des Unbewussten ist neben anderen auch der Tatsache geschuldet, dass es weder die Vorstellung von Zeit und Tod kennt, noch ein Nein oder Zweifel im Unbewussten existiert. Durch das Fehlen der Negation ist der Satz vom Widerspruch, dass zwei einander widersprechende Gegensätze nicht gleichzeitig auftreten können, aufgehoben.

Ein weiterer Faktor, der die Traumdeutung erschwert, ist die nach dem Erwachen einsetzende ›sekundäre Bearbeitung‹. Sie tritt ein, sobald der Träumer versucht, sich an den Trauminhalt zu erinnern und diesen zu erzählen. Sie verhindert eine unverfälschte Erinnerung des manifesten Trauminhalts.

Freud konzentrierte sich auf den Trauminhalt und weniger auf die Form und die Funktion des Traumes. Dem Traum als Ausdruck eines verdrängten infantilen Wunsches schenkte er wenig Beachtung. Ebenso zeigte er ein geringes Interesse am Beitrag der Traumarbeit zur Lösung psychischer Konflikte.

Die Fehlleistungen im alltäglichen Leben

In seiner Schrift »Die Psychopathologie des Alltagslebens« aus dem Jahr 1904 ging Freud auf Phänomene in alltäglichen Situationen ein, die jedem Menschen vertraut sind. Es war sein populärstes Werk, löste jedoch in den wissenschaftlich interessierten Kreisen nicht die verdiente Diskussion aus. Freud untersuchte darin die Fehlleistungen des Vergessens von Namen und Vorsätzen, des Versprechens, des Verlesens, des Verschreibens, des Vergreifens sowie des Verlierens, in denen sich das Unbewusste – verdrängte und unerledigte Konfliktspannungen – verrieten. Mit der Analyse der Fehlleistungen als alltäglichen Leidensäußerungen der Seele wandte sich Freud gegen eine verengte Auffassung von Psychopathologie.

Freud leitete seine Phänomenologie mit einem berühmt gewordenen autobiografischen Beispiel eines Namenvergessens ein, das ihm auf einer Reise nach Dalmatien widerfuhr. In einer Unterhaltung über Italien und über den Meister der Fresken im Dom von Orvieto entfiel ihm dessen Name. Anstelle von Signorelli erinnerte er zwei andere Meister – Botticelli und Boltraffio – , die er sogleich als falsch erkannte. Die Frage nach den Bedingungen des Vergessens ergibt Folgendes: Die Irritation steht in einem Zusammenhang mit dem vorausgegangenen Teil des Gesprächs, in dem die Rede von Bosnien und der Herzegowina ist. Freud ist bekannt, dass bei den dort lebenden Türken die Sexualität eine besonders hohe Wertschätzung genießt und sexuelle Störungen wie Impotenz bei den Betroffenen verzweifelte Reaktionen auslösen. In der Unterhaltung verschweigt er diese Information. Die Mitteilung derselben hätte die unangenehme Erinnerung an den Tod eines Patienten nach sich gezogen. Dieser hatte sich infolge einer unheilbaren sexuellen Störung wenige Monate zuvor in dem Ort Trafio das Leben genommen. Von Trafio führt der Weg zu Signorelli. Sexualität und Tod sind die Themen der von Freud erwähnten Wandmalereien »Die vier letzten Dinge« im Dom von Orvieto. Das Vergessen ereignet sich demnach am assoziativen Knotenpunkt zwischen dem Namen und dem Verdrängten. Letzteres verschafft sich in entstellter Form, in den Namen Botticelli und Boltraffio, Zugang zum Bewusstsein.

Auch die anderen von Freud analysierten Fehlleistungen stellen Kompromissbildungen zwischen einer bewussten Absicht und einem unbewussten Wunsch dar. Mit der Anwendung der psychoanalytischen Theorie auf nicht klinische Phänomene, denen im Alltagsverständnis eine tiefere psychologische Bedeutung und Begründung abgesprochen wird, bewies Freud die Determiniertheit aller seelischen Vorgänge. Ebenso wie die Traum- und Symptombildung kommen die Fehlleistungen auf dem Wege der ›Verschiebung‹, ›Verdichtung‹, ›Ersetzung‹ und der ›Ersetzung durch das Gegenteil‹ zustande.

Eine ›Ersetzung durch das Gegenteil‹ führt zu der Pointe des folgenden Beispiels: »Wir haben einen Onkel, der schon seit Monaten beleidigt ist, weil wir ihn nie besuchen. Den Umzug in eine neue Wohnung nehmen wir zum Anlaß, um nach langer Zeit bei ihm zu erscheinen. Er freut sich anscheinend sehr mit uns und sagt beim Abschied so recht gefühlvoll: ›Von nun an hoffe ich euch noch s e l t e n e r zu sehen als bisher.‹«

Sexuelle Wünsche kommen häufig durch einen Versprecher ans Licht: »Frau F. erzählt über ihre erste Stunde in einem Sprachkurs: ›Es ist ganz interessant, der Lehrer ist ein netter junger Engländer. Er hat mir gleich in der ersten Stunde durch die B l u s e (korrigiert sich: durch die B l u m e) zu verstehen gegeben, daß er mir lieber Einzelunterricht erteilen möchte.‹«

2

Die Entdeckung der infantilen Sexualität

Durch die Erforschung der neurotischen Störungen und der Träume entdeckte Freud die infantile Sexualität und ihre Bedeutung für die Subjektwerdung. In der Folge entwickelte Freud eine Sexualtheorie, in der er das Wesen der Sexualität und ihren mächtigen Einfluss auf das Seelenleben untersuchte und darlegte. Sie veränderte und erweiterte das bis dahin verbreitete Verständnis der Sexualität grundlegend und erhellte sowohl die psychische Dimension des Sexuellen als auch die sexuelle Dimension des Psychischen. Die neue Auffassung der Sexualität als Psychosexualität beschränkt diese nicht länger auf Aktivitäten im engen Sinne. Nach Freud war sie vielmehr die Triebfeder aller menschlichen Äußerungen; selbst die größten kulturellen Errungenschaften, die höchsten Ideale und die sublimsten wissenschaftlichen Leistungen wurzeln demnach tief im Triebgeschehen. Diese Annahme trug ihm häufig den Vorwurf des Pansexualismus ein.

Die Sexualtheorie

Die »Drei Abhandlungen zur Sexualtheorie« von 1905 und die bis 1925 hinzugefügten Ergänzungen und Zusätze zählen zu Freuds bedeutendsten und zum Zeitpunkt ihres Erscheinens umstrittensten Schriften. Er brach in ihnen Tabus, verstieß gegen Konventionen, moralische Normen und kollektive Denkverbote. Die Veröffentlichung war dementsprechend von unangenehmen Folgen begleitet. Viele zeitgenössische ärztliche Kollegen, selbst ehemalige Anhänger und Sympathisanten der Psychoanalyse sowie Teile der Öffentlichkeit nahmen sie ›eisig‹ zur Kenntnis, begegneten ihnen ablehnend oder offen feindselig.

Die infantile Sexualität bildet das Zentrum der »Drei Abhandlungen«, die Freud mit den Perversionen einleitete und mit den Transformationen der kindlichen Sexualität in der Pubertät abschloss. In Freuds Auffassung der Sexualität trat ein zentrales und für viele bis heute beunruhigendes Moment an der Psychoanalyse offen zutage. Indem er an den pathologischen Zerrbildern das Normale ablas, wurde die Grenze zwischen dem Normalen und dem Pathologischen fließend, der Unterschied zwischen beiden erwies sich lediglich als ein gradueller.

Die Perversionen

In der zweiten Hälfte des 19. Jahrhunderts war ein wachsendes wissenschaftliches Erkenntnisinteresse an Erscheinungen wie dem Inzesttabu, den antireproduktiven perversen Formen der Sexualität und der Pubertät als Zeit der Geschlechtsreife zu beobachten. Namhafte Sexualwissenschaftler wie Richard von Krafft-Ebing, Havellock Ellis und Magnus Hirschfeld waren Freuds Zeitgenossen. Während die Sexualwissenschaft primär um die Entdiskriminierung sexueller Abweichungen, insbesondere der Homosexualität, bemüht war, beleuchtete die medizinisch-psychiatrische Forschung die Perversionen als Abirrungen von der Norm. Auch Freud reihte sich in den zeitgenössischen Diskurs ein, indem er die erste Abhandlung den sexuellen Abweichungen widmete. Anders als Sexualwissenschaft und Psychiatrie legte Freud mit der infantilen Sexualität als Kern seiner Sexualtheorie das Missing Link zwischen Sexualität und Psychopathologie offen: »Somit werden wir durch die außerordentliche Verbreitung der Perversionen zu der Annahme gedrängt, daß auch die Anlage zu den Perversionen keine seltene Besonderheit, sondern ein Stück der für normal geltenden Konstitution sein müsse.«

Allgemein ging man zu dieser Zeit davon aus, dass Perversionen entweder angeborene Abweichungen oder Entartungen darstellten. Dagegen konnte Freud zeigen, dass es sich um erworbene Dispositionen und Erkrankungen handelte. Da Freud in der Anlage zu den Perversionen nicht die Ausnahme, sondern das allgemein ›Menschliche‹ erkannte, nahm er die Perversionen als Übertreibungen des normalen Sexuallebens in den Blick. Damit stellt sich die Frage, auf welche Weise und unter welchen Bedingungen sich das Sexualleben ›normal‹ entwickelt. Während die Befriedigung im normalen sexuellen Akt in der ›Vereinigung der Genitalien‹ gesucht wird, weichen die Perversionen deutlich davon ab. Ausgehend von der normalen sexuellen Befriedigung erforschte Freud zum einen die abweichende Objektwahl wie im Fall der Homosexualität, der Pädophilie oder Sodomie, zum anderen die abweichenden Sexualziele, wie sie bei der sexuellen Schaulust oder dem Voyeurismus, dem Sadismus und Masochismus zu beobachten sind.

Die homosexuelle Geschlechtswahl

Der Begriff ›Homosexualität‹ kam zu Beginn der zweiten Hälfte des 19. Jahrhunderts auf. In der frühen sexualwissenschaftlichen Debatte gewann die Vorstellung an Boden, die Homosexualität sei Ausdruck eines weiblichen Geschlechtstriebs in einem männlichen Körper, also angeboren.

Hingegen bemerkte Freud mit Blick auf die gleichgeschlechtliche Objektwahl: »Im Sinne der Psychoanalyse ist ... das ausschließliche sexuelle Interesse des Mannes für das Weib ein der Aufklärung bedürftiges Problem und keine Selbstverständlichkeit, der eine im Grunde chemische Anziehung zu unterlegen ist.« Mit diesem folgenreichen Zusatz erschütterte Freud den weitverbreiteten Glauben an eine innige »Verknüpfung des Sexualtriebes mit dem Sexualobjekt«, eine angeborene Anziehung zwischen den Geschlechtern und eine gleichsam ›natürliche‹ heterosexuelle Ordnung. Da die Objektwahl demnach offensichtlich nicht biologisch, d. h. in der Fortpflanzung, verankert war, ging Freud von einer universellen und ursprünglichen Zweigeschlechtlichkeit des Menschen aus. Er folgte darin seinem Freund Wilhelm Fließ und dessen Idee von einer biologisch fundierten Bisexualität. Allerdings verstand Freud die Bisexualität vor allem als seelische Anlage, als weibliche und männliche Tendenzen, die in jedem Individuum von Kindheit an vorhanden und wirksam sind.

In seiner Studie über »Eine Kindheitserinnerung des Leonardo da Vinci« (1910) und dessen homosexuelle Neigungen erwähnte Freud eine intensive, frühkindliche und kurzlebige Fixierung an die Mutter als begünstigenden Faktor. An ihre Stelle tritt später die Identifikation mit der Mutter, sodass die Bedingung der Liebeswahl unter narzisstischen Vorzeichen steht. Das bedeutet, dass ein Objekt nur dann begehrt wird, wenn es der eigenen Person ähnlich ist. Im Fall von Leonardo sind die homophilen Beziehungen das Abbild einer intensiven Mutter-Sohn-Bindung mit vertauschten Rollen. Er liebt die jungen Männer so, wie er einst von seiner Mutter geliebt wurde.

Die Partialtriebe

Die triebtheoretische Unterscheidung von ›Partialtrieben‹ und dem ›Primat der Genitalität‹ erlaubte es Freud, die abweichenden Sexualziele der Perversionen als Ausdruck unterschiedlicher Partialtriebe zu beschreiben.

Den Trieb als sexuelle Kraft definierte Freud als »die psychische Repräsentanz einer kontinuierlich fließenden, innersomatischen Reizquelle«. Die Eigenschaften der einzelnen Partialtriebe setzen sich aus ihrer somatischen Herkunft und ihren Zielen zusammen. Von den somatischen Quellen, den sogenannten erogenen Körperzonen, gehen bestimmte Erregungen aus. Die Art und Weise, wie die Erregung durch eine bestimmte Handlung befriedigt wird, kennzeichnet das Ziel des Triebes. Die von einer erogenen Körperstelle ausgehende treibende Kraft wird Partialtrieb oder partiale Komponente genannt. Entwicklungsgeschichtlich kommt der oralen, analen und genitalen Zone die größte Bedeutung zu. Aber auch andere Körperzonen können sich beispielsweise durch zufällige Berührungen oder infolge der Körperpflege in erogene Zonen verwandeln. Sogar wahrscheinlich jede Hautstelle und jedes ›Sinnesorgan‹ – ›wahrscheinlich jedes Organ‹, wie Freud später hinzufügte. Bis zum Primat der Genitalität verfolgt jeder Partialtrieb vereinzelt das Ziel des Lustgewinns. Die normale Sexualstrebung ergibt sich aus dem Zusammenwirken aller Partialtriebe.

»Die Neurose als das Negativ der Perversion«

In den Perversionen mündet die psychosexuelle Entwicklung nicht in das normale, d. h. auf ein heterosexuelles Objekt gerichtete sexuelle Begehren im Dienste der Fortpflanzungsfunktion. Bei den perversen Objektwahlen wie der Homosexualität oder Pädophilie und bei den abweichenden Sexualzielen wie dem Voyeurismus, Exhibitionismus, Sadismus und Masochismus liegt eine Fixierung an ein bestimmtes Stadium der infantilen Triebentwicklung vor. Sie ist die Ursache dafür, dass das Sexualleben unter der Herrschaft des jeweiligen Partialtriebes bleibt: »Wo also jemand grob und manifest pervers *geworden* ist, da kann man richtiger sagen, er sei es *geblieben*, er stellt ein Stadium einer *Entwicklungshemmung* dar. Die Psychoneurotiker sind sämtlich Personen mit stark ausgebildeten, aber im Laufe der Entwicklung verdrängt und unbewußt gewordenen perversen Neigungen.«

Die Symptombildungen in den Neurosen gingen nach Freud auf perverse Triebregungen zurück. Die bekannte Formel von der »Neurose als dem Negativ der Perversion« veranschaulicht, worin sich Neurose und Perversion unterscheiden: Was der Neurotiker lediglich phantasiert, lebt der Perverse aus. Während die perversen Phantasien und Regungen in der Perversion ohne Schuldgefühle in die Tat umgesetzt werden, lösen sie im Fall der Neurose schwere Schuldgefühle und Hemmungen aus.

Aber auch die sogenannte genitale Sexualität verlässt hin und wieder den Bereich des Normalen: »Was wir die sexuellen Perversionen heißen, die Überschreitungen der Sexualfunktion nach Körpergebiet und Sexualobjekt, davon muß man ohne Entrüstung reden können. ... Ein Stückchen weit, bald hier, bald dort, überschreitet jeder von uns die fürs Normale gezogenen engen Grenzen in seinem eigenen Sexualleben.«

Die infantile Sexualität

Vor allem Freuds Ausführungen zur infantilen Sexualität lösten empörten Widerstand aus. Während allgemein dem Kindesalter ein Sexualtrieb abgesprochen wurde, behauptete Freud, dass sexuelle Regungen, Phantasien und Aktivitäten nicht erst zur Zeit der Geschlechtsreife in der Pubertät erwachen, sondern bereits in der Kindheit zu beobachten sind. Selbst bei Säuglingen zeigen sich erste Anzeichen sexueller Regungen. In der Blütezeit der kindlichen Sexualität, die sich etwa vom zweiten bis zum fünften Lebensjahr erstreckt, treten sie offen zutage. Waren sexuelle Äußerungen bei Kindern nicht zu übersehen, wurden sie von Erziehern und Eltern als Zeichen kindlicher Verdorbenheit, Frühreife und Folge einer frühzeitigen Stimulation von außen gedeutet.

Wie Freud betonte, ist das Vergessen von sexuellen Kindheitseindrükken und -erinnerungen jedoch ein weitverbreitetes Moment und die Folge »(der) infantile(n) Amnesie, die für jeden einzelnen seine Kindheit zu einer gleichsam *prähistorischen* Vorzeit macht und ihm die Anfänge seines eigenen Geschlechtslebens verdeckt, die Schuld daran trägt, wenn man der kindlichen Lebensperiode einen Wert für die Entwicklung des Sexuallebens im allgemeinen nicht zutraut«. Diesem Verdrängungsvorgang entspringt die romantische Neigung von Erwachsenen, die Phase der Kindheit zur Zeit der sexuellen Unschuld und Reinheit zu stilisieren.

In seiner »Selbstdarstellung« (1925) erläuterte Freud seinen erweiterten Sexualitätsbegriff prägnant und anschaulich: »Die Erweiterung ist eine zweifache. Erstens wird die Sexualität aus ihren allzu engen Beziehungen zu den Genitalien gelöst und als eine umfassendere, nach Lust strebende Körperfunktion hingestellt, welche erst sekundär in den Dienst der Fortpflanzung tritt; zweitens werden zu den sexuellen Regungen alle die bloß zärtlichen und freundschaftlichen gerechnet, für welche unser Sprachgebrauch das vieldeutige Wort ›Liebe‹ verwendet. ... Die(se) Loslösung der Sexualität von den Genitalien hat den Vorteil, daß sie uns gestattet, die Sexualbetätigung der Kinder und der Perversen unter dieselben Gesichtspunkte zu bringen wie die der normalen Erwachsenen, während die erstere bisher völlig vernachlässigt, die andere zwar mit moralischer Entrüstung, aber ohne Verständnis aufgenommen wurde.«

Die frühen Phasen der infantilen Sexualität

Die infantile Sexualität war nach Freud der Schlüssel sowohl zum gesunden Seelenleben als auch zu den psychoneurotischen und perversen Erkrankungen. In den »Abhandlungen« ging er in erster Linie auf die prägenitalen Phasen der Triebentwicklung ein. Zu den genitalen Stufen finden sich Anmerkungen, die sehr viel später hinzugefügt wurden. Eine umfassende theoretische Ausarbeitung des Ödipuskomplexes als Höhepunkt der frühkindlichen psychosexuellen Entwicklung unternahm Freud erst in den 20er-Jahren.

Für Freuds Konzeption waren zum einen die erogenen Körperzonen, von denen die psychosexuelle Entwicklung ausging, zum anderen der daran anschließende Gegensatz zwischen kindlich polymorph perverser und erwachsen genitaler Sexualität maßgeblich. Mit der polymorph perversen Anlage der infantilen Sexualität ist vor allem die Tatsache bezeichnet, dass die frühkindliche Sexualität auf viele erogene Körperzonen verteilt ist.

Die psychosexuelle Entwicklung umfasst zwei prägenitale und zwei genitale Stadien. Auf den ersten beiden prägenitalen Stufen, der oralen und anal-sadistischen, sind die entsprechenden Zonen der sexuellen Erregung die Mund- und Lippenschleimhaut und die Darmschleimhaut. Die somatischen oder erogenen Zonen bilden sich in Anlehnung an die Körperfunktionen wie die Nahrungs- und Ausscheidungsfunktionen. Erst mit der Zeit trennt sich der Sexualtrieb davon ab. Auf der oralen Stufe ist die »Sexualtätigkeit … von der Nahrungsaufnahme noch nicht gesondert … das Sexualziel besteht in der *Einverleibung* des Objektes, dem Vorbild dessen, was späterhin als *Identifizierung* eine so bedeutsame psychische Rolle spielen wird.«

Freud veranschaulichte die orale Erotik am Beispiel des Daumenlutschens oder »Ludelns«. Sein Vorbild ist das Saugen an der Mutterbrust und die dabei erlebte lustvolle Befriedigung. Ist die Mutterbrust abwesend, sucht sich das Kind am eigenen Körper einen Ersatz. Mithilfe des Daumens erregt es die Lippen- und Mundzone und besänftigt diesen Reiz zugleich. Die infantile Sexualbetätigung erfolgt nicht durch ein fremdes Objekt, sondern das Kind befriedigt die Reize auf autoerotische Weise.

Die Vorläufer der Kastration

Obwohl der oralen, analen und genitalen Zone eine besondere Bedeutung zukommt, da sie von Beginn an regelmäßig durch die Vorgänge der Nahrungsaufnahme, der Ausscheidung und der Körperpflege stimuliert und gereizt werden, verleiht ihnen erst die konflikthafte Erfahrung eines Verlusts und einer Trennung ihre besondere Bedeutung. Diese Erfahrungen bezeichnete Freud auch als Vorläufer der eigentlichen Kastration im Kastrationskomplex.

Die erste signifikante Verlust- und Trennungserfahrung erleidet das Kind zum Zeitpunkt der Entwöhnung von der Mutterbrust, die zweite im Rahmen der Reinlichkeitserziehung. Während im ersten Fall die mütterliche Brust ›verloren‹ geht, erlebt das Kind seine analen Ausscheidungsprodukte als etwas, was sich von seinem Körper trennt und abfällt: »Der Darminhalt ... wird offenbar wie ein zugehöriger Körperteil behandelt.« Dieser hat den Wert eines ersten eigenen Produkts. Das Kind kann es seiner Mutter zum Geschenk machen oder trotzig verweigern. Die anale Entwicklungsstufe leistet einen wichtigen Beitrag zur Charakterbildung. Je nachdem, wie das Kind den Konflikt seelisch verarbeitet, wird es sich gefügig oder trotzig, großzügig oder geizig, herrschsüchtig oder unterwürfig verhalten. Eigenschaften wie Ordentlichkeit, Sparsamkeit und Eigensinn treten bei zwanghaften und zwangsneurotischen Personen verstärkt zutage, deren seelische Organisation unter dem Einfluss der anal-sadistischen Stufe steht.

Auf den prägenitalen Stufen ist nach Freud die Mutter das einzig maßgebliche Objekt und »erste Verführerin« des Kindes. Erst im Ödipuskomplex gewinnt der Vater als Dritter an Boden und Bedeutung, indem er die ausschließliche Bindung des Kindes an die Mutter untersagt. Diese trianguläre ödipale Konfliktsituation bildet das bedeutendste und folgenreichste Stadium der infantilen Sexualität. Im Mittelpunkt des ödipalen Konflikts stehen die mit den Erregungen der genitalen Zone, Penis und Klitoris, verbundenen Wünsche und Phantasien, denen der Kastrationskomplex ein Ende bereitet.

»Die lange Abhängigkeit des kleinen Menschen begünstigt in der Tat die Bindung des Kindes an seine Primärobjekte und macht sie überdies unvermeidbar; wegen der ersten Blüte der infantilen Sexualität ist diese Bindung eine sexualisierte ...«

Die psychosexuelle Entwicklung bei Jungen und Mädchen

Obwohl sich der Ödipuskomplex von 1897 an durch das Werk zieht, wandte sich Freud erst ab dem Jahr 1923 seiner theoretischen Ausarbeitung zu. In den Schriften »Die infantile Genitalorganisation« (1923), »Der Untergang des Ödipuskomplexes« (1924) und »Einige psychische Folgen des anatomischen Geschlechtsunterschieds« (1925) behandelte Freud den geschlechtsspezifischen Verlauf des ödipalen Konflikts. Seiner Theorie des Ödipuskomplexes liegt die psychosexuelle Entwicklung des männlichen Kindes zugrunde, von der die weibliche abgeleitet wird. Ursprünglich ging Freud von einem einfachen ›positiven‹ Ödipuskomplex aus, in dem der Knabe das gegengeschlechtliche Objekt, die Mutter, liebt und mit dem gleichgeschlechtlichen Objekt, dem Vater, um ihre Gunst konkurriert. Nach der Analyse des ›Wolfsmannes‹ im Jahr 1918 revidierte Freud das erste Modell und fügte den ›negativen‹ homosexuellen Ödipuskomplex hinzu, in dem sich die zärtliche Bindung an das gleichgeschlechtliche Objekt und die feindselige Einstellung gegen das gegengeschlechtliche Objekt richtet. Der sogenannte vollständige Ödipuskomplex umfasst daher zwei gegenläufige Orientierungen. Welche der beiden Richtungen vorherrschend und für die sexuelle Identität des Kindes bestimmend wird, entscheidet die familiale Situation: die Qualität der Eltern-Kind-Beziehung und die Verarbeitung der entwicklungsbedingten Konflikte durch das Kind.

Die phallische Phase

Für die folgenden Ausführungen ist das positive Modell des ödipalen Konflikts die Grundlage. Im Jahr 1923 sah Freud sich genötigt, eine dritte Stufe nach der prägenitalen Organisation einzufügen, die den Übergang zur ödipalen Stufe initiiert. Das empirische Material lieferte die »Analyse der Phobie eines fünfjährigen Knaben« (1905). Der ›kleine Hans‹ war in seinem Umgang mit Personen und Dingen vor allem an der Frage interessiert, ob sie einen Penis hatten oder nicht. Freud bezeichnete diese Phase als phallische Organisationsstufe. Im Unterschied zu den prägenitalen Stufen ist sie genital und bereits auf ein Sexualobjekt, die Mutter, hin orientiert.

Auf dieser Stufe glaubt das Kind, Mädchen wie Junge, dass alle Menschen ein männliches Genitale hätten. Selbst der Mutter wird ein Penis zugeschrieben. Folgerichtig gilt auch die Klitoris als weibliche Entsprechung des Penis. Dieser an Freud häufig kritisierte »phallische Monismus« beruht auf der Leugnung des weiblichen Genitales. In Freuds Konstruktion der Geschlechter blieb die Vagina für beide, Mädchen und Jungen, bis zur Pubertät unentdeckt. Kritik von Psychoanalytikern wie Karen Horney, Melanie Klein und Ernest Jones, ihre Hinweise auf die Bedeutung vaginaler Sensationen für die geschlechtliche Entwicklung des Mädchens wies Freud unbeeindruckt als unhaltbar zurück.

Der Kastrationskomplex

1910 erklärte Freud den »Kastrationskomplex« zum »Kernkomplex der Neurosen«. Während die Triebentwicklung bis zum Zeitpunkt der phallischen Phase bei beiden Geschlechtern parallel verläuft, sprengt der Kastrationskomplex die Symmetrie der psychosexuellen Entwicklung. Auf dieser Stufe muss das Kind eine neue seelische Leistung erbringen: die Anerkennung des Geschlechtsunterschieds. Der Kastrationskomplex bereitet demnach der Phantasie, dass alle Menschen ein Geschlecht, nämlich das männliche, hätten, ein Ende mit unterschiedlichen Konsequenzen. Die Wahrnehmung des Geschlechtsunterschieds wird für das Mädchen zum Anlass, in den Ödipuskomplex einzutreten, während für den Knaben sowohl das Primat des Phallus als auch der Ödipuskomplex untergeht.

Der Kastrationskomplex setzt mit der Kastrationsdrohung, dem Verbot der infantilen Masturbation, ein. Als verbietende Instanz und Vollstrecker der Kastration gilt der Vater. Er bestraft die inzestuösen Phantasien und die daran gebundene Lust mit Kastration, selbst die Mutter ist nicht verschont geblieben, sondern kastriert. Erst der Anblick des kastrierten weiblichen Genitales, das »Fehlen des Penis«, verleiht dem ausgesprochenen Verbot den Wert einer Kastrationsdrohung. Sie übersetzt sich beim Knaben in die angstbesetzte Phantasie, er könne seinen Penis verlieren. Die phallische Phase endet daher mit einem ›bösen Erwachen‹.

Die vom Knaben nachträglich erbrachte Identifizierungsleistung zwischen Lust, Verbot und Kastration mündet im Normalfall in die Anerkennung der Kastrationsdrohung. Wie Freud im Vergleich mit dem weiblichen Schicksal betonte, wird die Kastrationsangst zum »mächtigste(n) Motor seiner weiteren Entwicklung«. Das narzisstische Interesse an der Erhaltung seines Penis bewegt den Jungen zum Verzicht auf die inzestuöse Bindung an die Mutter.

Die Entwicklung beim Mädchen

Für das Mädchen erweist sich der Weg aus seiner phallischen Phase »in die ihr biologisch bestimmte weibliche Phase« als wesentlich schwieriger. Das Mädchen erblickt den Penis des Knaben und erleidet einen narzisstischen Schock: »Es merkt sofort den Unterschied und – man muß es zugestehen – auch seine Bedeutung. Es fühlt sich schwer beeinträchtigt, äußert oft, es möchte ›auch so etwas haben‹ und verfällt nun dem *Penisneid*, der unvertilgbare Spuren in seiner Entwicklung und Charakterbildung hinterlassen, auch im günstigsten Fall nicht ohne schweren psychischen Aufwand überwunden werden wird.« Das Mädchen muss zwei Aufgaben erfüllen: die Verschiebung der Objektbesetzung von der Mutter auf den Vater sowie einen Wechsel der erogenen Zonen von der Klitoris zur Vagina. Dazu muss es seinen Penismangel anerkennen, seine »männlich-erotische Phase« gegenüber der Mutter aufgeben, sich mit der Weiblichkeit der Mutter identifizieren und seinen inzestuösen Wunsch auf den Vater richten. Nur dann kann es eine stabile weiblich-heterosexuelle Identität ausbilden.

In Analogie zur Kastrationsangst des Knaben wird die ›Suche nach dem Penis‹ zum treibenden Motor der weiblichen Entwicklung. Freud war gezwungen, den Penisneid geltend zu machen, um den schwierigen Objektwechsel aus der »mächtigen Mutterbindung« zu erklären. Die Bindung des Mädchens an die Mutter ist hochambivalent, denn es macht die Mutter für seinen Penismangel verantwortlich. Der Wunsch nach einem Penis muss daher durch den Wunsch nach einem Kind vom Vater ersetzt werden. Erst die »Übertragung des Kind-Penis-Wunsches auf den Vater« befreit das Mädchen aus der Mutterbindung und entspricht der weiblichen Form des Ödipuskomplexes. Hingegen erschien Freud die Mutterbindung des Jungen frei von ambivalenten, gemischten Gefühlen aus Liebe und Hass.

»Der Untergang des Ödipuskomplexes«

Den Untergang des Ödipuskomplexes beschrieb Freud mit den starken Begriffen der Zertrümmerung bzw. des Zerschellens. »Beim Knaben ... wird der Komplex nicht einfach verdrängt, er zerschellt förmlich unter dem Schock der Kastrationsdrohung. ... im idealen Falle besteht dann auch im Unbewußten kein Ödipuskomplex mehr, das Über-Ich ist sein Erbe geworden.« Analog zur »Zertrümmerung des Ödipuskomplexes«

ist von der »Wegschaffung der Klitorissexualität« die Rede. Der fehlende Anlass für die Kastrationsangst hat beim Mädchen eine unzulängliche Auflösung zur Folge: »Der Ödipuskomplex ... wird allzuhäufig vom Weib überhaupt nicht überwunden. Darum sind auch die kulturellen Ergebnisse seines Zerfalls geringfügiger und weniger belangreich.«

Freuds Begriffswahl vermittelt die Dramatik der ödipalen Situation. Bis in die Zeit des Ödipuskomplexes steht das kindliche Seelenleben unter narzisstischen Vorzeichen, einem magischen Wunschdenken und Allmachtsgefühl, wie Freud in seinem Aufsatz »Zur Einführung des Narzissmus« (1914) ausführte. In den narzisstischen präödipalen Stadien existiert für das Kind kein Unterschied zwischen den Geschlechtern und den Generationen, der von Bedeutung wäre. Mit der allmählichen Wahrnehmung und Anerkennung der beiden Unterschiede geht eine wachsende, realistische Einsicht in die Unerfüllbarkeit seiner erotischen und aggressiven Wünsche einher.

Der Latenzperiode

An das Ende des Ödipuskomplexes schließt die Latenzperiode an, eine Zeit des Aufschubs, die bis zum Beginn der Pubertät andauert. Die sexuellen Triebkräfte erfahren teilweise eine Einschränkung und Desexualisierung. Das bedeutet, dass sie in dieser Phase umgelenkt und anderen Zielen zugeführt werden. Mithilfe des Mechanismus der Verdrängung und der Reaktionsbildung werden soziale Gefühle und die psychischen Kräfte des Ekels, der Scham wie auch die ästhetischen und moralischen Ansprüche und Ideale aufgebaut, die später dem Sexualtrieb Grenzen setzen und ihn in bestimmte Bahnen lenken. Die Umlenkbarkeit der Triebkräfte leistet den größten Beitrag zur Kultur.

Die Pubertät und das neue Sexualziel

Mit dem Einbruch der biologischen Geschlechtsreife geht die Unterbrechung durch die Latenzperiode zu Ende. Es kommt zu einer tief greifenden Veränderung der seelischen Organisation. Aufgrund des zweizeitigen Ansatzes der Sexualentwicklung setzen in der Pubertät die sexuellen Aktivitäten verstärkt wieder ein und äußern sich zunächst im Wiederaufleben der infantilen Masturbation. Die Umgestaltungen der infantilen Sexualität erweisen sich als schwierig und anfällig für Störungen.

Im Zuge der Veränderungen vollendet sich das Sexualleben zu seiner normalen Gestalt. »Die Pubertät leistet nichts anderes, als daß sie unter allen lusterzeugenden Zonen und Quellen den Genitalien das Primat verschafft und dadurch die Erotik in den Dienst der Fortpflanzungsfunktion zwingt, ein Prozeß, der … sich bei vielen Personen, den späteren Perversen und Neurotikern, nur in unvollkommener Weise vollzieht.« Unter dem Genitalprimat übernehmen die erogenen Zonen die Aufgabe der Vorlust, die vorbereitend den eigentlichen genitalen und heterosexuellen Akt einleitet.

Dem neuen genitalen Ziel entsprechend, muss auf der psychischen Ebene ein geeignetes Objekt gefunden werden. Auch die Objektwahl ist zweizeitig, das bedeutet, dass die Pubertät anfänglich noch unter dem Einfluss der infantilen Sexualeindrücke steht. Die Pubertätsphantasien knüpfen erneut an die inzestuösen elterlichen Liebesobjekte an. So zeigte sich nach Freud, dass »bei allen Menschen die infantilen Neigungen, nun durch den somatischen Nachdruck verstärkt, wieder auf(treten), und unter ihnen in gesetzmäßiger Häufigkeit und an erster Stelle die meist bereits durch die Geschlechtsanziehung differenzierte Sexualregung des Kindes für die Eltern, des Sohnes für die Mutter und der Tochter für den Vater. Gleichzeitig mit der Überwindung und Verwerfung dieser deutlich inzestuösen Phantasien wird eine der bedeutsamsten, aber auch schmerzhaftesten, psychischen Leistungen der Pubertätszeit vollzogen, die Ablösung von der Autorität der Eltern, durch welche erst der für den Kulturfortschritt wichtige Gegensatz der neuen Generation zur alten geschaffen wird.« Auf dem Umweg über die inzestuösen Objekte wendet sich das Sexualziel schließlich außerfamiliären Objekten zu.

Die Analyse der psychoneurotischen Störungen offenbart, wie viele Schwierigkeiten es dem Pubertierenden bereitet, sich von den infantilen Objekten zu lösen und die inzestuöse Bindung an sie zu überwinden. Sie gelingt offensichtlich selten in wünschenswertem Maße, denn der Inzestkomplex irritiert noch die erwachsenen Liebeswahlen bei beiden Geschlechtern, sodass die zärtlichen und sinnlichen Strömungen nicht zur Deckung kommen.

Freuds Theorie der Weiblichkeit

Freud wollte sich keinesfalls von den Feministinnen »eine völlige Gleichstellung und Gleichschätzung der Geschlechter« aufdrängen lassen. Sein spätes Resümee über das »Rätsel der Weiblichkeit« (1933) ist deshalb auch oder in erster Linie von historischem Interesse. Seine Aussagen erschienen schon bei ihrer Veröffentlichung misogyn. Denn mit dem Begriff der weiblichen Entwicklung nannte Freud eine Reihe von Beschränktheiten.

Sie hält drei Möglichkeiten bereit: 1. Die Sexualhemmung oder Neurose: Die Sexualhemmung zeigt sich in einer konstitutionellen Frigidität, die Neurose in einem regressiven Verhalten. 2. Der Männlichkeitskomplex: Die Frau hält an der Hoffnung fest, doch noch einmal mit einem Penis entschädigt und dem Mann gleichgestellt zu werden. 3. Die normale Weiblichkeit: Sie ist das Ergebnis einer sekundären Verarbeitung ihrer ursprünglichen Männlichkeit.

Da sich die relative Unabschließbarkeit des Ödipuskomplexes in einem schwach ausgeprägten Über-Ich niederschlägt, fallen die Sublimierungsleistungen bescheiden aus. An kulturellen Beiträgen hat das weibliche Geschlecht allein das Flechten und Weben vorzuweisen. Hingegen beeindruckt die erwachsene Frau vor allem durch ihren Narzissmus, um die Tatsache ihres Penismangels zu kompensieren. Zu den weiteren positiven Bestimmungen von Weiblichkeit zählen Eifersucht, fehlender Sinn für Gerechtigkeit und schwache soziale Interessen.

Lediglich die Geburt eines Sohnes eröffnet den Weg zum Glück. Ein Sohn befriedigt die phallischen Wünsche der Frau besser, als die Geburt einer Tochter es könnte. Im Falle der Mutter-Sohn-Beziehung schien es sich nach Freud um eine glückliche Liebesbeziehung zu handeln, denn sie verkörperte die »am ehesten ambivalenzfreie aller menschlichen Beziehungen«.

Im Gegensatz dazu können Männer und Frauen nicht zueinander finden, sie bleiben vielmehr um eine Phasendifferenz voneinander getrennt: Während die Frau erst im Sohn das ersehnte Objekt erreicht, belebt der Sohn in der Frau seine Mutterbindung. Es entsteht der Eindruck, dass »die Liebe des Mannes und die der Frau … um eine psychologische Phasendifferenz auseinander (sind)«.

Eine genuin weibliche Sexualität fehlt in Freuds Konstruktion der Geschlechter. Nach Freud fiel das Weibliche entweder mit dem Mütterlichen zusammen oder die Frau gebärdete sich phallisch-männlich. Dieser Mangel ist auf seine Annahme einer monistisch-männlichen Libido zurückzuführen. Aktiv männliche Lust und aktiv männliches Begehren sind das Modell des Begehrens schlechthin, während dem passiv Weiblichen lediglich die Funktion einer notwendigen ›Herberge‹ für den Mann zufällt.

Freuds späte Ausführungen über das Wesen des Weiblichen standen einerseits im Widerspruch zu der Anzahl der Psychoanalytikerinnen, die in der Geschichte der Psychoanalyse von Beginn an einen wichtigen Platz einnahmen und Wesentliches zu ihrer Entwicklung beigetragen haben wie beispielsweise Melanie Klein, Karen Horney oder Anna Freud.

Andererseits widersprachen sie den respektvollen, anerkennenden und bewundernden Berichten über die charakterlichen Qualitäten seiner hysterischen (phallisch-männlichen) Patientinnen gegen Ende des 19. Jahrhunderts. So schrieb er zum Beispiel über Emmy von N.: »Sie war eine ausgezeichnete Frau, … deren geradezu männliche Intelligenz und Energie, deren hohe Bildung und Wahrheitsliebe uns beiden (Freud und Breuer, Anm. I. B.) imponierte …«

Kritik an Freuds Weiblichkeitstheorie

Die Konzeption eines kastrierten weiblichen Geschlechts und des daran anschließenden Penisneids galt vielen als skandalös und rief bereits zu Freuds Zeiten Proteste bei Psychoanalytikern beiderlei Geschlechts hervor. In den 60er- und 70er-Jahren des letzten Jahrhunderts sorgten sie erneut für empörten Unmut und lösten eine heftige Kontroverse aus. Feministinnen kritisierten Freuds Weiblichkeitstheorie und richteten das psychoanalytische Instrumentarium gegen Freud selbst, um die kulturellen und geschlechtsspezifischen Bedingungen seines Diskurses aufzudecken.

Ebenso wie die Psychoanalyse den Frauen hat auch die feministische Theorie der Psychoanalyse einiges zu verdanken. Eröffnete doch die psychoanalytische Theorie einen diskursiven Raum, in dem Frauen die geschichtlich bedingten Konstruktionen und Formationen des hierarchischen Geschlechterverhältnisses analysieren, daraus resultierende Blockaden und Hemmungen, aber auch Entfaltungsmöglichkeiten weiblicher Subjektivität diskutieren konnten.

Die feministische Kritik, die in Freuds Konzeption ausschließlich eine Entwertung des weiblichen Geschlechts sah, verkannte Freuds Problem. Seine Überschätzung des Phallischen war die Kehrseite seiner Idealisierung der Mutter-Kind-Beziehung. Zwar sprach Freud den prägenitalen Phasen große Bedeutung für die Geschlechtswerdung zu, aber er unterließ es, die Phantasie vom kastrierten weiblichen Geschlecht zu hinterfragen. Während bei Freud die Mutter in erster Linie als ödipal-inzestuöses Objekt des Jungen ins Spiel kam, vernachlässigte er die konfliktreiche Vorgeschichte der präödipalen Mutterbindung. Die theoretische Lösung ging auf Kosten des weiblichen Geschlechts, da Freud Neid nur als phallischer Neid, als Penisneid, zugänglich war. Sein dynamisches Gegenstück, der Gebärneid des Mannes, fand kaum Beachtung.

In Freuds Theorie fehlte das Konzept der ›bösen Mutter‹, das Melanie Klein erstmals in ihrem Aufsatz über die »Frühstadien des Ödipuskomplexes« entwickelte. Sie rückte darin den Neid des Kindes auf die Mutter ›als Quelle des Lebens‹ und damit die konfliktreiche, neiderfüllte, angstbesetzte, aggressive und schuldbeladene Seite der präödipalen Stufen ins Licht und in das Zentrum der kindlichen Entwicklung. Im Gegensatz zu Freud, der der Frau eine ausgeprägte Über-Ich-Bildung absprach, entdeckte Klein, dass sich das Über-Ich des Mädchens häufig als besonders streng erwies.

3

Die Entdeckung des Ödipuskomplexes

Neben der Annahme unbewusster seelischer Vorgänge, der Auffassung der Sexualität und der Lehre von Verdrängung und Widerstand erklärte Freud den Ödipuskomplex zu einer tragenden Säule der psychoanalytischen Theorie und Klinik: »Der Fortschritt der psychoanalytischen Arbeit hat diese Bedeutung des Ödipuskomplexes immer schärfer gezeichnet; seine Anerkennung ist das Schiboleth geworden, welches die Anhänger der Psychoanalyse von ihren Gegnern scheidet.« In seiner Konstruktion des Ödipuskomplexes lehnte sich Freud an das mythische Vorbild des Ödipus an. Ödipus verkörpert den berühmtesten (mythischen) Fall eines Inzests und seiner zerstörerischen Folgen in der abendländischen Kulturgeschichte. Welche Gründe veranlassten Freud dazu, zu Beginn des 20. Jahrhunderts den Ödipuskomplex in die Subjektwerdung einzuschreiben und ihn als analytischen Deutungsrahmen für die grundlegenden seelischen Konflikte des Individuums zu entwickeln?

Die in den klinischen Behandlungen und in seiner Selbstanalyse gewonnene Einsicht, »daß die sexuelle Phantasie sich regelmäßig des Themas der Eltern bemächtigt«, führte Freud auf dessen Spur. Denn von Beginn an war Freud in seinen Therapien mit dem Auftauchen inzestuöser Phantasien konfrontiert.

Das Ende der Verführungstheorie

In den klinischen Behandlungen berichteten hysterische Patientinnen häufig Szenen, in denen sie, meist vom Vater, sexuell verführt worden waren. Die Frage nach dem Realitätsgehalt dieser Verführungsszenen bestimmt die Gründungsphase der psychoanalytischen Theorie. Zunächst ging Freud von einer real vorgefallenen und traumatisch wirkenden sexuellen Verführung in der Kindheit als Ursache der hysterischen Erkrankungen aus. Doch schon im Jahr 1897 gab er die Theorie der Verführung auf. In einem Brief an seinen Freund Wilhelm Fließ vom 21. September 1897 distanzierte er sich von seiner ursprünglichen Annahme mit den Worten: »Ich glaube an meine Neurotica nicht mehr. ...

Die fortgesetzten Enttäuschungen bei den Versuchen, eine Analyse zum wirklichen Abschluß zu bringen, ... das Ausbleiben der vollen Erfolge, auf die ich gerechnet hatte ... Dann die Überraschung, daß in sämtlichen Fällen der *Vater* als pervers beschuldigt werden mußte, mein eigener nicht ausgeschlossen, die Einsicht in die nicht erwartete Häufigkeit der Hysterie, wo jedesmal dieselbe Bedingung erhalten bleibt, während doch solche Verbreitung der Perversion gegen Kinder wenig wahrscheinlich ist. ... Dann ... die sichere Einsicht, daß es im Unbewußten ein Realitätszeichen nicht gibt, so daß man die Wahrheit und die mit Affekt besetzte Fiktion nicht unterscheiden kann.«

Freud ging anschließend zu einer Theorie der Verführungsphantasie über und war der Ansicht, dass die erinnerten und für wahr gehaltenen Verführungsszenen in den meisten Fällen der Erfüllung eines inzestuösen Wunsches entsprachen. Die hysterischen Symptome hingen also nicht an den Erinnerungen, wie er noch in den »Studien über die Hysterie« angenommen hatte, sondern an den Phantasien, die auf Wunschphantasien aufbauten. Damit lenkte Freud den Blick auf die Bedeutung der psychischen Realität, die im Leben jedes Neurotikers eine gewichtige Rolle spielt. Die psychische Realität erscheint dem Neurotiker realer als die materielle.

In den »Vorlesungen zur Einführung in die Psychoanalyse« (1916–1917) erkannte Freud den Verführungsphantasien den Status von ›Urphantasien‹ zu. Urphantasien stellen ein universelles Phänomen dar. Es sind Phantasien und Erlebensmuster, die das Phantasieleben prägen, ohne dass ihnen tatsächlich persönliche Erfahrungen desselben Inhalts zugrunde liegen. Freud nahm die Verführungsphantasie damit in den konzeptuellen Rahmen des phylogenetischen Erbes auf. Das »phylogenetische Erbe« bezeichnet ein Ereignis aus der Vorzeit, ein archaisches Erleben, das an die Stelle eines individuell Erlebten tritt: »Es scheint mir sehr wohl möglich, daß alles, was uns heute in der Analyse als Phantasie erzählt wird, die Kinderverführung, die Entzündung der Sexualerregung an der Beobachtung des elterlichen Verkehrs, die Kastrationsdrohung ... in den Urzeiten der menschlichen Familie einmal Realität war und daß das phantasierende Kind einfach die Lücken der individuellen Wahrheit mit prähistorischer Wahrheit ausgefüllt hat.« In einem 1920 eingefügten Zusatz zu den »Drei Abhandlungen zur Sexualtheorie« sprach er der Verführungsphantasie den Rang einer typischen Pubertätsphantasie zu, die jedoch häufig in die frühe Kindheit zurückdatiert werde. »Unter den sexuellen Phantasien der Pubertätszeit ragen einige hervor, welche durch allgemeinstes Vorkommen und weitgehende Unabhängigkeit vom Erleben des einzelnen ausgezeichnet sind. So die Phantasien ... von der frühen Verführung durch geliebte Personen.«

In den 80er-Jahren des letzten Jahrhunderts erlebte die Verführungstheorie vor allem durch Jeffrey M. Masson, den Herausgeber des Briefwechsels zwischen Freud und Wilhelm Fließ, eine Renaissance. In seinem Buch mit dem Titel »Was hat man dir, du armes Kind getan« beschuldigte er Freud, die Patientinnen aus mangelnder Zivilcourage verraten und die Täter geschützt zu haben. Freud hat weder vor noch nach dem ›Paradigmenwechsel‹ die Existenz von sexuellem Missbrauch jemals bestritten. Massons öffentliche Anklage trug dazu bei, den Diskurs über sexuellen Missbrauch zu popularisieren. Seither werden von den Anhängern der Verführungstheorie hysterische Symptome wieder als Folge traumatischer sexueller Übergriffe gedeutet.

In Massons Angriff auf Freud spiegelte sich ein Ressentiment gegenüber der Psychoanalyse, das auf einen gesellschaftlichen Klimawandel verweist. Dieser ging mit der Tendenz einher, die unbewusste Dimension des Seelenlebens zugunsten von Täter-Opfer-Polarisierungen zu leugnen.

Das Ursprungsdrama des Menschen

Freud begegnete in den Behandlungen der psychoneurotischen Störungen immer wieder sexuellen und aggressiven Phantasien. Als sie auch im Verlauf seiner Selbstanalyse auftauchten, reifte in ihm die Gewissheit, dass im Ödipusmythos etwas verhandelt wird, das jeden Menschen unmittelbar betrifft. Nur knapp vier Wochen nach dem Eingeständnis, dass seine ursprünglich angenommene Verführungstheorie gescheitert sei, findet sich in dem berühmten und häufig zitierten Brief vom 15. Oktober 1897 an Wilhelm Fließ der früheste Verweis auf das Schicksal des Ödipus: »Ein einziger Gedanke von allgemeinem Wert ist mir aufgegangen. Ich habe die Verliebtheit in die Mutter und die Eifersucht gegen den Vater auch bei mir gefunden und halte sie jetzt für ein allgemeines Ereignis früher Kindheit, wenn auch nicht immer so früher wie bei den hysterisch gemachten Kindern. ... Wenn das so ist, so versteht man die packende Macht des Königs Ödipus ... die griechische Sage greift einen Zwang auf, den jeder anerkennt, weil er dessen Existenz in sich verspürt hat. Jeder der Hörer war einmal im Keime und in der Phantasie ein solcher Ödipus, und vor der hier in die Realität gezogenen Traumerfüllung schaudert jeder zurück mit dem ganzen Betrag der Verdrängung, der seinen infantilen Zustand von seinem heutigen trennt.« Drei Jahre später griff Freud in der »Traumdeutung« den Ödipusmythos im Zusammenhang mit den »typische(n) Träumen« erneut auf, in denen ein Wunsch oder Konflikt durch bestimmte Traumelemente unabhängig von der subjektiven Traumsprache des Träumers ihren Ausdruck finden. Freud interpretierte den Mythos selbst als das Produkt eines uralten Traumstoffes, worin sich bereits das phylogenetische oder archaische Erbe andeutet, wie Freud später in »Totem und Tabu« (1912–1913) ausführte. »Sein Schicksal ergreift uns nur darum, weil es auch das unsrige hätte werden können, weil das Orakel vor unserer Geburt denselben Fluch über uns verhängt hat wie über ihn. Uns allen vielleicht war es beschieden, die erste sexuelle Regung auf die Mutter, den ersten Haß und gewalttätigen Wunsch gegen den Vater zu richten; … Aber glücklicher als er, ist es uns seitdem … gelungen, unsere sexuellen Regungen von unseren Müttern abzulösen, unsere Eifersucht gegen unsere Väter zu vergessen.« Freud fügte hinzu, dass insbesondere die Aufdeckung der inzestuösen Wünsche und Neigungen als skandalös empfunden wird und massiven Widerstand hervorruft. Auch mehr als hundert Jahre nach der Entdeckung des Ödipuskomplexes gehört Inzest zu den ebenso verabscheuten wie faszinierenden Vorkommnissen.

Der Ödipusstoff

In seiner Konstruktion des Ödipuskomplexes bezog Freud sich sowohl auf den Mythos des Ödipus als auch auf Sophokles' Tragödie »König Ödipus«. Der Mythos siedelt die Ereignisse in Theben an, wo Ödipus als König herrscht.

Ödipus erfährt als junger Mann von einem Gast, dass er nicht der Sohn von Merope und Polybos, dem Herrscherpaar von Korinth, sei. Er sucht deshalb das Delphische Orakel auf, das ihm Vatermord und Inzest prophezeit, seine Herkunft jedoch im Dunkeln lässt. Im festen Glauben, seinem Schicksal zu entfliehen, kehrt Ödipus Korinth den Rücken und begibt sich auf den Weg nach Theben. An einer Weggabelung erschlägt er nichts ahnend seinen Vater, der ihm mit seinem Gefolge den Weg versperrt. In Theben angekommen, befreit er die Stadt von einem Ungeheuer, der Sphinx. Als Siegesprämie erhält er die Königin Thebens zur Frau. Es ist seine Mutter Jokaste. Das Orakel hat sich erfüllt.

Inzestuöse Genealogien

Warum eignete sich der Mythos des Ödipus zum Verständnis und zur Analyse psychischer Konflikte, Ödipus zum Vorgänger der Töchter und Söhne der bürgerlichen Familie um die Jahrhundertwende? Ödipus bewegt sich zwischen mutter- und vaterrechtlichen Ansprüchen, denn der Inzest zwischen Mutter und Sohn wird im Mythos durch weitere inzestuöse Genealogien gestützt. So entstammt die thebanische Sphinx einer inzestuösen Verbindung. Und auch Jokaste zählt eine Schlangengestalt zu ihren Vorfahren, die ebenfalls auf eine mutterrechtliche Genealogie verweist. Nachdem die Sphinx besiegt und die Ordnung in Theben wiederhergestellt ist, wird das Gemeinwesen durch den Inzest zwischen Ödipus und Jokaste auf einer zivilisierteren Stufe erneut bedroht. So tritt in der sophokleischen Tragödie die inzestuöse Schuld in der Gestalt der Pest zutage, die das Gemeinwesen zu zerstören droht.

Ödipus und die genealogische Ordnung

Die Ödipussage kreist um das Rätsel der Herkunft und der Generationenfolge. Ödipus steht für den Zusammenbruch der Ordnung der Geschlechter und der Generationen. Indem Ödipus den Vater beseitigt und sich an dessen Stelle setzt, ist er Sohn und Ehemann seiner Mutter, später Vater und Bruder seiner Kinder. Das Inzesttabu unterscheidet die verwandtschaftlichen Positionen innerhalb der genealogischen Ordnung und garantiert die soziale Kohäsion. Durch die Überschreitung des Tabus fallen alle Unterschiede in sich zusammen. Indem Ödipus in der sophokleischen Tragödie seinen tragischen Irrtum und die Schuldhaftigkeit seiner inzestuösen Übertretung erkennt und anerkennt, weist er am Ende die mutterrechtlichen Ansprüche und inzestuösen Genealogien zurück. Durch diese nachträgliche Einsicht verkörpert Ödipus eine neue zivilisatorische Stufe, auf der sich die patriarchale Ordnung und das Inzesttabu zwischen Mutter und Sohn durchsetzen. Der Wunsch, zu wissen und die eigenen unbewusst begangenen Taten aufzuklären, wie auch die nachträgliche Anerkennung des Inzesttabus machen Ödipus zu einem beispielhaften Fall für die Psychoanalyse und die klassischen Figurationen des Begehrens. Mit Blick auf den mythischen Konflikt um Herkunft und Nachfolge erklärte Freud den Ödipuskomplex zum wichtigsten Stadium der psychosexuellen Entwicklung.

Das ödipale Dilemma

Die Anerkennung des Inzesttabus steht im Mittelpunkt des ödipalen Konflikts. Sie ist die Bedingung seiner Überwindung und beinhaltet zugleich die Anerkennung des Unterschieds zwischen den Geschlechtern und den Generationen. In seinem Aufsatz »Einige psychische Folgen des anatomischen Geschlechtsunterschieds« (1925) sprach Freud vom »Sieg der Generation über das Individuum«. Das Inzesttabu ist die Bedingung der Generationenfolge. Damit das Kind sich in die Generationenfolge einreihen kann, muss es nach Freud auf die Mutter, d. h. seine inzestuösen Wünsche, verzichten und sich mit dem Vater und dem Inzestverbot identifizieren. Diese Lösung des Konflikts bildet den Kern der psychoanalytischen Wirklichkeitskonstruktion sowie das Modell seelischer Integrität. Als Komplex der »doppelten Unterscheidungen ... vereinigt (er)«, nach André Green, »in seinen Wirkungen die Schicksale des Geschlechtsunterschieds mit denen des Generationsunterschieds. Daher seine weitreichende strukturelle und zugleich historische Bedeutung für die Organisation des menschlichen Begehrens.«

Obwohl häufig der Vater-Sohn-Konflikt als Hauptmoment des ödipalen Konflikts betont wird, schien Freud in nicht geringerem Maße an dem Rätsel des Inzesttabus und seiner Lösung interessiert gewesen zu sein. Denn das zentrale Problem stellt die Ablösung des Kindes von der Mutter dar. Die Frage, die sich für Freud immer wieder stellte, war, wie das Kind seine inzestuöse Bindung überwinden kann. Auf welche Weise kann es das Inzesttabu verinnerlichen, um eine stabile sexuelle Identität und damit ein libidinöses, also lustvolles und nicht schuldbeladenes Verhältnis zu seiner Umwelt zu erwerben? Der geschlechtsspezifische Verlauf des ödipalen Konflikts wurde bereits im 2. Kapitel ausgeführt. An dieser Stelle soll der Ödipuskomplex mit Blick auf die Anerkennung der Conditio humana, der menschlichen Bedingtheit, die dem Menschen durch Geburt und Tod gegeben ist, dargestellt werden.

Zwischen dem 3. und 5. Lebensjahr erlebt das Kind eine Spannung gegenüber beiden Eltern. Während es gegenüber einem Elternteil von einer inzestuösen Verliebtheit erfüllt ist, findet es sich in der Position des Rivalen gegenüber dem anderen, den es beseitigen möchte. Die Lösung des ödipalen Dilemmas lag nach Freud in einem doppelten Verzicht: Das Kind muss sowohl den inzestuösen als auch den feindseligen Wunsch aufgeben.

In der ödipalen Phase gewinnt der Unterschied zwischen den Geschlechtern und den Generationen an Bedeutung. Mutter und Vater werden allmählich als voneinander verschieden wahrgenommen. Zugleich und abhängig davon wird der Unterschied zwischen Erwachsenen und Kindern bedeutsam. Das Kind beginnt zu verstehen, dass die Eltern etwas miteinander teilen, wovon es ausgeschlossen ist. Diese Einsicht stellt eine schwere Zumutung und schmerzliche Realitätsanforderung für jedes Kind dar. Solange es den Geschlechts- und Generationsunterschied leugnet, kann das männliche Kind an seiner narzisstischen Allmachtsphantasie festhalten, für die Mutter begehrenswerter als der Vater zu sein. Das Mädchen hängt dementsprechend der Phantasie an, für den Vater begehrenswerter als die Mutter zu sein. In dieser Phase des Ödipuskomplexes setzt sich das Kind mit dem Elternteil in der Position des Rivalen gleich.

Freuds Konstruktion des Geschlechtsunterschieds

Der ödipale Konflikt enthält für das Kind die Nötigung, seinen doppelten, zweigeschlechtlichen Ursprung anzuerkennen und seine sexuelle Identität über die Identifikation mit dem gleichgeschlechtlichen Elternteil anzunehmen. In diesem Prozess misst Freud alles Gewicht der Anerkennung des weiblichen Genitales bei. Da Freud von einer intensiven inzestuösen Verstrickung des Kindes ausging, war die Ablösung von der Mutter nicht als Wunsch nach mehr Unabhängigkeit, sondern nur als Folge eines Erschreckens denkbar. Als Motive für die Abkehr nannte Freud die Kastrationsdrohung des Vaters und das kastrierte mütterliche Genitale.

In der Rolle des Kastrators verbietet der Vater die lustvollen Berührungen des Penis und die an die Mutter geknüpften Phantasien. Zunächst ignoriert der Junge das Verbot, dann erlebt er jedoch einen »Kastrationsschreck beim Anblick des weiblichen Genitales«, der ihn in die Arme des Vaters treibt. Bis zu diesem Augenblick war die Kastrationsdrohung für ihn leer, nun erbrachte das kastrierte Genitale den Beweis für die Macht des Vaters. Auch die Mutter ist ihr unterworfen. Verweigert der Junge die Anerkennung der Kastrationsmacht des Vaters, dann ereilt ihn das gleiche Schicksal. Das primäre Motiv der Kastrationsdrohung besteht also darin, die ausschließliche Bindung des Kindes an die Mutter zu brechen.

Der Ausgangspunkt für Freuds Konzeption des kastrierten weiblichen Geschlechts bildete die Annahme der infantilen Sexualtheorie, dass jeder Mensch ein männliches Geschlecht hätte. Auf diesem Hintergrund entfaltet der Kastrations- beziehungsweise Ödipuskomplex seine ›schockartige‹ Wirkung. Die phallische Phantasie erlaubt es, der Mutter einen Phallus zuzuschreiben und den Unterschied zwischen Vater und Mutter, Kind und Erwachsenen zu umgehen.

Die Kastration der Mutter ist aus diesem Grund lediglich die Kehrseite der phallischen Mutter. Obwohl Freud die Anerkennung des Geschlechtsunterschieds als unverzichtbare Bedingung für den Untergang des ödipalen Konflikts geltend machte, bekam er ihn nur als Gegensatz von kastriert (weiblich) – nicht kastriert (männlich) zu fassen. Eine Bestimmung des Geschlechtsunterschieds als qualitativ Verschiedenes misslingt und davon abhängig die Konzeption einer genuin weiblichen Sexualität.

Wie zu sehen war, leistete die Kastrationsdrohung zwei Aufgaben: die Einsetzung des Vaters als der entscheidenden Instanz im Individuationsprozess und den Verzicht auf den inzestuösen Wunsch. Obwohl der Unterschied der Geschlechter mit dem der Generationen unauflöslich verbunden ist, behandelte Freud den Generationsunterschied nicht als eigenständige Kategorie. Er ist lediglich indirekt gegenwärtig: in der väterlichen Kastrationsdrohung und im kastrierten mütterlichen Genitale.

Die genealogische Dimension des Ödipuskomplexes

Freud konzipierte den ödipalen Konflikt als Umwandlung der inzestuösen Bindung in eine genealogische Beziehung, die auf Individuation und Autonomie ausgerichtet ist. Wenn das Kind die Unterschiede und ihre Bedeutungen anerkennt, ist dies zunächst eine schmerzhafte Erkenntnis, es gewinnt aber darüber ein Stück Unabhängigkeit. Eine ungenügende Bewältigung des infantilen Komplexes stört die Pubertätsentwicklung, in der unter den Bedingungen der biologischen Geschlechtsreife ein geeignetes Sexualobjekt gefunden werden soll. »Von dieser Zeit an muß sich das menschliche Individuum der großen Aufgabe der Ablösung von den Eltern widmen, nach deren Lösung es erst aufhören kann Kind zu sein, um ein Mitglied der sozialen Gemeinschaft zu werden.«

Im gelingenden Fall mündet die Lösung des Konflikts nach Freud in die heterosexuelle Geschlechtsidentität, die es dem Einzelnen erlaubt, seinen Platz innerhalb der Generationenfolge und der Gemeinschaft anzunehmen. Freud bezeichnete diese Position als das Primat der Genitalität, worunter eine Neuordnung der psychosexuellen Organisation im Dienste der Fortpflanzungsfunktion zu verstehen ist. Der geglückten Ablösung von den primären Liebesobjekten entspräche ein reiches, differenziertes seelisches Leben, das auf Schuld- und Liebesfähigkeit sowie dem Bewusstsein der Sterblichkeit gründet.

Wie Freud anmerkte, ist eine vorbildliche Lösung des ödipalen Konflikts jedoch selten. Obwohl diese Aufgaben jedem Menschen gestellt sind: »… ist (es) beachtenswert, wie selten ihre Erledigung in idealer Weise, d. h. psychologisch wie sozial korrekt, gelingt. Den Neurotikern aber gelingt diese Lösung überhaupt nicht, der Sohn bleibt sein lebelang unter die Autorität des Vaters gebeugt und ist nicht imstande, seine Libido auf ein fremdes Sexualobjekt zu übertragen.«

Eine Stufe der Genitalität, auf der eine (nicht kastrierte) mütterliche Weiblichkeit anerkannt würde und allgemeiner kultureller Besitz wäre, scheitert. Auf dem Boden der phallischen Phase ist kein versöhntes Geschlechterverhältnis denkbar. Infolgedessen erscheinen sowohl die Kastrationsangst als auch der Penisneid, die die Hinwendung zum Vater einleiten, als tendenziell unüberwindbar. Freud nannte als Grund eine nicht weiter auflösbare »Ablehnung der Weiblichkeit«, die er zur biologischen Tatsache erklärte. Sie ist nicht nur in allen Pathologien auffindbar, sondern bestimmt allgemein die Beziehung zwischen den Geschlechtern und – nicht zuletzt – Freuds Theorie. Freuds Primat der Genitalität bleibt Utopie.

Der »Erbe des Ödipuskomplexes«

Die Lösung des Konflikts ist gleichbedeutend damit, dass das Kind seine ödipalen Objektbindungen durch die Identifikation mit den Eltern ersetzt. Die beiden Identifikationen schlagen sich in der Instanz des Über-Ichs oder Ichideals nieder. Anfänglich besteht es im Wesentlichen aus diesen beiden elterlichen Identifikationen. Die Instanz des Ichideals gehört dem zweiten topischen Modell des Seelenlebens an. Mit seiner Hilfe werden innerseelische Spannungen als Konflikte zwischen einzelnen Instanzen wie die zwischen Es (unbewusste Triebregungen) und Ich (Realitätsinstanz) oder Ich und Über-Ich (Ichideal oder Gewissen) aufgefasst.

Das Ichideal tritt an die Stelle der infantilen libidinösen Objektbesetzungen: »Das Ichideal ist also der Erbe des Ödipuskomplexes und somit Ausdruck der mächtigsten Regungen und wichtigsten Libidoschicksale des Es. Durch seine Aufrichtung hat sich das Ich des Ödipuskomplexes bemächtigt und gleichzeitig sich selbst dem Es unterworfen. Während das Ich wesentlich Repräsentant der Außenwelt, der Realität ist, tritt ihm das Über-Ich als Anwalt der Innenwelt, des Es, gegenüber.« Die Qualität der Über-Ich-Instanz ist natürlich wesentlich davon abhängig, ob sich die Entwicklung ohne größere Störungen vollziehen kann oder durch familiäre Konflikte belastet ist. An anderer Stelle spricht Freud davon, dass das Ichideal die beiden großen Verluste der Kindheit ersetzt: »… diese Neuschöpfung einer überlegenen Instanz im Ich (ist) aufs innigste mit dem Schicksal des Ödipuskomplexes verknüpft … mit dem Auflassen des Ödipuskomplexes mußte das Kind auf die intensiven Objektbesetzungen verzichten, die es bei den Eltern untergebracht hatte, und zur Entschädigung für diesen Objektverlust werden die wahrscheinlich längst vorhandenen Identifizierungen mit den Eltern in seinem Ich so sehr verstärkt.«

In Freuds Modell der psychosexuellen Entwicklung und des ödipalen Konflikts ist das Ichideal vor allem ein männliches: »Es ist leicht zu zeigen, daß das Ichideal allen Ansprüchen genügt, die an das höhere Wesen im Menschen gestellt werden. Als Ersatzbildung für die Vatersehnsucht enthält es den Keim, aus dem sich alle Religionen gebildet haben.« Im Unterschied zum männlichen Über-Ich hat es das weibliche Ichideal nicht weit gebracht. Da die Kastrationsangst entfällt, überwindet das Mädchen den Ödipuskomplex nur unzureichend. »Die Bildung des Über-Ichs muß unter diesen Verhältnissen leiden, es kann nicht die Stärke und die Unabhängigkeit erreichen, die ihm seine kulturelle Bedeutung verleihen …«

Im Über-Ich fand nach Freud das seelische Erbe der Eltern seinen Niederschlag. Da seine Normen und Ansprüche im Wesentlichen unbewusst sind, wirken die elterlichen Zwänge über das Über-Ich schicksalhaft weiter. Sie setzen sich im Individuum ebenso fort, wie in der schuldhaften Verstrickung des Ödipus die Verfehlungen seines Vaters Laios und seiner Mutter Jokaste wiederkehren. Im Ödipusmythos spiegelt sich die Macht des Schicksalszusammenhangs in den Namen und Genealogien aller Beteiligten. Im Individuum trägt die Instanz des Über-Ichs die ungelösten Momente aus dem ödipalen Konflikt der Eltern-Kind-Beziehung weiter, die nicht bewusst gemacht und verarbeitet worden sind. Die Aufgabe jedes Einzelnen ist es, sich zu individuieren und seine Identität, die Anwort auf die Frage: ›Wer bin ich?‹, zu finden. Ein Unterfangen, das nur mit Rücksicht auf die eigene Herkunft und die genealogische Bestimmung erreicht werden kann.

Die Psychopathologie des Liebeslebens

In dem Beitrag »Über die allgemeinste Erniedrigung des Liebeslebens« (1912) thematisierte Freud die am häufigsten anzutreffenden Sackgassen und Schieflagen des Geschlechterverhältnisses. Die Erscheinungen einer nach Freud weitverbreiteten, psychisch bedingten männlichen Impotenz und einer weiblichen Frigidität legen Zeugnis ab von der fragilen erotischen Anziehung zwischen den Geschlechtern.

Die weibliche Frigidität geht auf das Verbot sexueller Aktivitäten vor der Ehe zurück, sodass in vielen Fällen die Sexualität den Verboten unterworfen bleibt. Der Grund für die psychische Impotenz des männlichen Subjekts liegt in der nicht vollständig überwundenen inzestuösen Fixierung an die Liebesobjekte der Kindheit, Mutter und Schwester. In der Folge treffen die älteren, zärtlichen Strömungen mit den späteren, aus der Pubertät stammenden sinnlichen Strebungen nicht zusammen: »Wo sie lieben, begehren sie nicht, und wo sie begehren, können sie nicht lieben.«

Die Nichtübereinstimmung der zärtlichen und der sinnlichen Strömungen ist eine Folge des Inzestkomplexes, der die Liebeswahlen mitbestimmt. Die Wiederkehr des Inzestuösen verhindert, dass die genitale sexuelle Funktion und die Liebesfähigkeit zusammenfallen. Um sein Begehren aufrechtzuerhalten und zu stabilisieren, kann das männliche Geschlecht auf Spaltungen nicht verzichten. Einen Ausweg bieten die psychische Erniedrigung des Sexualobjekts und die Überschätzung des Objekts, das an die Stelle des inzestuösen Objekts tritt: die Spaltung der Frau in Mutter und Hure.

4

Modelle des Seelenlebens

Wenige Jahre vor dem Ausbruch des 1. Weltkrieges erweiterte Freud die Anwendung der psychoanalytischen Theorie auf anthropologische, historische und zivilisatorische Phänomene. Mit diesem Schritt wanderte die menschliche Gattungsgeschichte – gleich einem Patienten – auf die psychoanalytische Couch und wurde von Freud einer eingehenden Analyse unterzogen. Die historischen Ereignisse und Folgen des 1. Weltkrieges markieren einen Einschnitt in seinem Werk. Bis zu diesem Zeitpunkt sind seine Forschungen vom Fortschrittsoptimismus des 19. Jahrhunderts und dem Glauben an den Beitrag der Psychoanalyse zur Selbstbefreiung des Menschen getragen. Danach gerieten Freuds Schriften zunehmend skeptischer. Von den Grausamkeiten des Krieges und dem Rückfall des zivilisierten Menschen in eine kollektive Zerstörungswut sensibilisiert, richtete er sein Augenmerk vermehrt auf die destruktiven Kräfte sowohl innerhalb des Seelenlebens als auch in der Kultur. In der Folge leitete er einen weitreichenden und komplexen Umbau seines Theoriegebäudes ein. Von Beginn an war Freud nicht nur auf der Suche nach den verborgenen seelischen Kräften und Strukturen, sondern nach einem Modell der Psyche, das diese hinreichend beschreiben konnte. Er ließ die traditionelle Psychologie hinter sich, die für die neu gewonnenen Einsichten in die unbewussten seelischen Prozesse keine brauchbaren Begriffe lieferte. In dem Wissen, eine neue Psychologie begründet zu haben, die sich durch ihre Methode und Beschreibung von anderen psychologischen Theorien unterschied, widmete sich Freud etwa ab 1914 verstärkt der Darstellung der psychoanalytischen Psychologie. Diesem Unternehmen verlieh er den Namen Metapsychologie.

Gründe für die Wende

Eine Korrektur und Erweiterung seiner Theorie war aus verschiedenen Gründen notwendig geworden.

In der noch jungen psychoanalytischen Bewegung kam es zu ersten Konflikten, Zerwürfnissen und Abspaltungen. In den Jahren zwischen 1912–1914 fielen zwei wichtige Schüler, Alfred Adler und Carl Gustav

Jung, von ihm ab. Beide schlugen in wichtigen theoretischen und klinischen Fragen einen anderen Weg ein und gefährdeten die Festigung und internationale Verbreitung der Psychoanalyse. Die Auseinandersetzungen drängten Freud, seine theoretischen Mittel zu schärfen, bestimmte Grundeinsichten und -positionen festzuhalten und genauer zu fassen, andere Teile seiner Theorie neu zu formulieren. Eine metapsychologische Darstellung des seelischen Geschehens sollte demzufolge die Besonderheit der Psychoanalyse sowohl gegenüber den abweichenden Positionen ehemaliger Anhänger als auch gegenüber der herkömmlichen Psychologie zur Geltung bringen.

Freud arbeitete daher an einer Theorie, die in der Lage sein sollte, jeden seelischen Vorgang unter drei Gesichtspunkten darzustellen: dem ökonomischen, der die seelischen Vorgänge als Ausdruck einer sexuellen Triebenergie oder Libido beschreibt; dem dynamischen Aspekt, der jeden psychischen Vorgang als Zusammenwirken unterschiedlicher Kräfte beleuchtet; dem topischen, der das seelische Geschehen räumlich anordnet und jedem gesonderten Schauplatz oder jeder Instanz bestimmte Funktionen und Eigenschaften zuweist.

Ein weiteres Motiv für die Wende bildeten neue klinische Fragestellungen. In der Behandlung der Patienten hatte Freud zunehmend mit Widerständen gegen die Heilung zu kämpfen, für die das erste topische Modell des seelischen Apparats, wie Freud es in der »Traumdeutung« entfaltet hatte, keine befriedigende Erklärung mehr bot. Dieses beruhte auf der Annahme zweier verschiedener psychischer Systeme. Das ›System Unbewußt (Ubw)‹ umfasste die verdrängten, das ›System Vorbewußt (Vbw)‹ die bewusstseinsfähigen seelischen Vorgänge. Zwischen diesen beiden Systemen befindet sich die Zensur, die die Bewusstwerdung unbewusster Vorstellungen und Phantasien steuert, hemmt oder verhindert. Das Phänomen des Heilungswiderstands, der negativen therapeutischen Reaktion, nötigte Freud, das Modell zu revidieren, die Rolle des Ichs und den Vorgang der Verdrängung neu zu bestimmen. Die neue Auffassung fand ihren Niederschlag in dem zweiten topischen Modell mit seinen Instanzen Ich, Es und Über-Ich, das Freud in seiner berühmten Schrift »Das Ich und das Es« 1923 veröffentlichte.

Freuds Vorgehensweise

Bis zum Ende blieb Freud ein Forschender und Suchender, der einmal getroffene theoretische Entscheidungen und Konzepte nicht gegen neue

Erfahrungen abdichtete, sondern der Empirie stets den Vorrang einräumte. Mit Blick auf die psychoanalytische Erfahrung und klinischen Beobachtungen hat er seine Begriffe und theoretischen Ansätze immer wieder überprüft, verändert, ergänzt, neu und anders formuliert. Überdies zog Freud Beispiele aus den unterschiedlichsten Bereichen heran, stellte Analogien und Gleichnisse auf, deren Ähnlichkeit mit dem Gegenstand und deren Verträglichkeit miteinander, wie er einräumte, sich als begrenzt erwies. Dennoch schrieb er ihnen eine erkenntnisbildende Funktion zu und benutzte sie, um »ein höchst kompliziertes und noch niemals dargestelltes Denkobjekt von verschiedenen Seiten zu veranschaulichen«.

Infolgedessen sind seine theoretischen Ansätze und Aussagen manchmal widersprüchlich, verwirrend und inkonsistent, da er Unstimmigkeiten nicht beseitigte, sondern bestehen ließ. Diese freudspezifische Verfahrensweise verlieh seinen Konstruktionen den Charakter der Vorläufigkeit und erzeugte jene Offenheit, Lebendigkeit, Spannung und Dichte, die seine Theorie auszeichnet. Sie erschwert freilich den Zugang zum Verständnis seiner komplexen Begriffsbildungen. Dies gilt ganz besonders für die metapsychologischen Schriften und die in ihnen entwickelte Triebtheorie. Bis heute bergen sie reichhaltigen Stoff für kontroverse Diskussionen und theoretische Auseinandersetzungen.

Freuds Suche nach einem Modell für das Seelenleben

Metapsychologische Ansätze und Skizzen zu einer Konzeption der seelischen Vorgänge tauchten bereits in der frühen, erst posthum veröffentlichten Schrift über den »Entwurf einer Psychologie« (1895) sowie in den Briefen an seinen Freund Wilhelm Fließ auf und spielten bis zum späten »Abriß der Psychoanalyse« (1938) eine Rolle. Sie beruhten auf der Vorstellung des Seelenlebens als eines Apparats, der aus der psychischen Bewältigung innerer und äußerer Reize hervorgeht.

Obwohl sich in den gemeinsam mit Josef Breuer veröffentlichten »Studien über Hysterie« Freuds Interesse an der Psychopathologie deutlich abzeichnete, hielt er bis zum Ende an der naturwissenschaftlichen Verankerung seiner Theorie fest. Als Naturwissenschaftler und Arzt war Freuds wissenschaftliches Interesse zunächst an der Physiologie und der Gehirnanatomie ausgerichtet. So entwickelte er im »Entwurf einer Psychologie« ein neurologisches Modell, das von den neurophysiologischen Arbeiten Theodor Meynerts (1833–1892), eines bedeutenden Gehirnphysiologen und Lehrer Freuds, beeinflusst war.

Mit dem Entwurf einer naturwissenschaftlich fundierten Psychologie wollte Freud die Psychoanalyse als wissenschaftliche Disziplin innerhalb der benachbarten Wissenschaften verorten und absichern. Im April 1895 teilte er seinem Freund Wilhelm Fließ mit, dass er sich in eine »Psychologie für den Neurologen« verrannt habe. Freud nahm schließlich Abschied von seinem Vorhaben, das Seelenleben naturwissenschaftlich erfassen und auf eine neurophysiologische Grundlage stellen zu können. Später griff er viele seiner grundlegenden Intuitionen und innovativen gedanklichen wie begrifflichen Elemente aus dem »Entwurf« wieder auf, so im siebenten Kapitel der »Traumdeutung« und besonders in seinen Schriften ab dem Jahr 1914.

Im Verlauf seiner Theoriebildung entwickelte Freud zwei topische Modelle des Seelenlebens. Das erste entstand auf dem Hintergrund seiner Selbstanalyse, der Deutung der Träume und der psychoneurotischen Erkrankungen. In der zweiten Topik oder strukturellen Darstellung der Psyche als Ich, Es und Über-Ich verarbeitete Freud vor allem die an den ›narzißtischen Neurosen‹, den paranoiden und schizophrenen Erkrankungen, gewonnenen Einblicke in das seelische Geschehen. In ihnen trat eine selbstzerstörerische Seite zutage, die die Heilungschancen durch die psychoanalytische Methode erheblich minderten oder sich dieser gänzlich widersetzten.

Der neuropsychische Apparat

Ausgehend von neurophysiologischen und psychologischen Beobachtungen widmete sich Freud im »Entwurf einer Psychologie« dem Problem des Austausches von Informationen zwischen der Innen- und Außenwelt sowie der psychophysischen Verarbeitung von exogenen, aus der Außenwelt und von endogenen, aus dem Körperinneren stammenden Reizen wie Hunger oder sexuellen Regungen. Es ist der Versuch, ein neurologisches Seelenmodell zu entwerfen, dem eine Ökonomie des Energieaustausches in einem neuropsychischen Apparat zugrunde liegt.

Die seelischen Vorgänge beschrieb Freud daher als Verschiebungen von Energiemengen innerhalb des neuronalen Netzes, des Nervenapparats. Er war der Auffassung, dass es einer naturwissenschaftlichen Psychologie gelingen musste, »psychische Vorgänge ... als quantitativ bestimmte Zustände aufzeigbarer materieller Teile (darzustellen) [und sie] damit anschaulich und widerspruchsfrei zu machen«.

Jeder Anstieg der Energiespannung in den Neuronen, den materiellen Trägern der Energie, durch äußere Reizstimuli löst reflexartig das Trägheitsprinzip aus. Unter seinem Einfluss werden die Reiz- und Energiespannungen unmittelbar abgeführt, um das ökonomische Gleichgewicht stabil und möglichst niedrig zu halten. Gelänge es unter der Herrschaft des Trägheitsprinzips, alle Energie abfließen zu lassen, könnte sich allerdings kein Gedächtnis bilden. Demnach muss das Nervensystem einerseits »aus distinkten, gleich gebauten Neuronen besteh(en), die sich durch Vermittlung fremder Masse berühren«. Aus den Berührungen entstehen Kontakte oder Kontaktschranken, die als Widerstände innerhalb der Abfuhrwege und Bahnungen wirksam werden. Andererseits muss das neuronale System ein bestimmtes Maß an Energie- oder Reizspannung ertragen.

An dieser Stelle kommt die zweite Tendenz, das Konstanzprinzip, ins Spiel, das die sofortige und vollständige Erregungsabfuhr verhindert. Es besitzt die Eigenschaft, die aus den Neuronen abströmende, frei bewegliche Energie durch sekundäre Prozesse aufzuhalten und zu organisieren. In diesem Zusammenhang führte Freud das Ich auf der physiologischen Ebene als eine Masse von Neuronen ein, die mit konstanter gebundener Energie besetzt sind. Seine Funktion ist es, die im Dienste des Trägheitsprinzips agierenden Primärvorgänge zu hemmen. Da sich Bedürfnisreize wie der Hunger nicht durch eine spontane Erregungsabfuhr beseitigen lassen, muss die Befriedigung auf andere Weise geschehen, wie mit folgendem Beispiel klargemacht werden kann.

Zu Beginn des Lebens ist das Kind bei der Befriedigung seiner Bedürfnisse auf eine andere Person, die Mutter, angewiesen. Sie antwortet auf die Hilflosigkeit und Schreie des Kindes. Die Mutter gibt dem Kind die Brust und stillt sein Bedürfnis. Diese Stillsituation ist zum einen der Beginn der ›Verständigung‹ Diese elementare Funktion der Kommunikation ist den Sekundärvorgängen zuzurechnen. Zum anderen wird das Befriedigungserlebnis in Erinnerungsbildern bewahrt. Von da an bleibt das Erinnerungsbild des Befriedigungserlebnisses mit der Erinnerungsspur des Bedürfnisreizes assoziiert. Tritt das Bedürfnis beziehungsweise der Wunsch erneut auf, wird die Erinnerung an das befriedigende Erlebnis wieder besetzt.

Anhand des Unterschieds zwischen den primären und sekundären Vorgängen, zwischen frei beweglicher und gebundener Energie erläuterte Freud die Funktionsweisen des neurologischen Modells. Die Primärvorgänge streben stets danach, Bedürfnisspannungen auf rascheste und kürzeste Weise loszuwerden: entweder auf motorischem oder auf halluzinatorischem Wege. Im ersten Fall wird die Erregung durch Muskelaktivitäten abgeführt; im zweiten Fall wird die Befriedigung unabhängig von der realen Situation halluziniert. Das Kind stellt sich bei einem auftretenden Bedürfnisreiz unmittelbar die Brust vor. Zwar bewirkt die halluzinatorische Wiederbelebung eines Befriedigungserlebnisses ein begrenztes Maß an Triebbefriedigung und Spannungsabfuhr; eine dauerhafte Bewältigung der Reize ist indessen unmöglich. »Die Wunschbesetzung bis zur Halluzination, die volle Unlustentwicklung, die vollen Abwehraufwand mit sich bringt, bezeichnen wir als *psychische Primärvorgänge*; hingegen jene Vorgänge, welche allein durch gute Besetzung des Ich ermöglicht werden und Mäßigung der obigen darstellen, als *psychische Sekundärvorgänge.*« Die sekundären psychischen Vorgänge umfassen die bewussten Tätigkeiten wie die Wahrnehmung, das Denken und Urteilen, die den Aufschub eines Bedürfnisses ermöglichen. Sie sind die Aufgabe des Ichs, das mit ihrer Hilfe die überlebensnotwendige Realitätsprüfung durchführt, um eine von außen kommende Wahrnehmung von einer Halluzination und einer Erinnerung zu unterscheiden.

Das erste topische Modell des Seelenlebens

Im siebenten Kapitel der »Traumdeutung« griff Freud die Idee eines seelischen Apparats auf, um »die Komplikation der psychischen Leistung verständlich zu machen, indem wir diese Leistung zerlegen und die Einzelleistung den einzelnen Bestandteilen des Apparats zuweisen«. Die ›erste‹ Theorie des seelischen Apparats soll geeignet sein, nicht nur die seelischen Vorgänge des Wachlebens, sondern auch das Motiv für die Traumbildung und den Traummechanismus zu erklären. Zum besseren Verständnis schlug Freud vor, sich den seelischen Apparat »als ein zusammengesetztes Instrument (vorzustellen), dessen Bestandteile wir *Instanzen* oder ... *Systeme* heißen ..., (die) vielleicht eine konstante räumliche Orientierung gegeneinander haben ... Es genügt uns, wenn eine feste Reihenfolge dadurch hergestellt wird, daß bei gewissen psychischen Vorgängen die Systeme in einer bestimmten *zeitlichen* Folge von der Erregung durchlaufen werden.« Für Freud ist das topische Modell der seelischen Vorgänge eine Fiktion und wie viele seiner Vergleiche eine Hilfskonstruktion, die er heranzieht, solange sie ein besseres Verständnis der Beobachtungen erlauben.

Freud skizzierte den seelischen Apparat als Reflexapparat mit zwei Enden: Jeder seelische Vorgang geht demzufolge von einem Reiz aus und durchläuft den seelischen Apparat von der Wahrnehmung bis zur Motilität, d. h. der reflektorischen Muskeltätigkeit. Die ankommenden sinnlichen Wahrnehmungen hinterlassen Erinnerungsspuren, deren Gesamtheit das Gedächtnis bildet. Da es sich bei den Vorgängen der Wahrnehmung und Erinnerung um zwei verschiedene sinnliche Qualitäten und seelische Leistungen handelt, werden sie unterschiedlichen Systemen zugeordnet. Die Wahrnehmung wird entsprechend dem ›System Wahrnehmung‹ zugeteilt, das die Reize und Erregungsvorgänge aufnimmt, aber nicht bewahrt. Hinsichtlich der Erinnerungsspuren ist eine weitere Differenzierung notwendig. Erinnerungen, die dem Bewusstsein zugänglich, also bewusstseinfähig sind, werden dem ›System Vorbewußt (Vbw)‹ zugerechnet, diejenigen, die nicht bewusst werden, dem ›System Unbewußt (Ubw)‹. Die traditionelle Gleichsetzung des Psychischen mit dem Bewusstsein fällt damit in sich zusammen.

Zwischen den beiden Systemen siedelte Freud eine kritisierende Instanz oder Zensur an, die den Zugang unbewusster Vorstellungen und Wünsche zum Bewusstsein behindert. Im Wachleben unterhält diese Instanz »nähere Beziehungen zum Bewusstsein« und ist »mit dem zu identifizieren, was unser waches Leben lenkt und über unser willkürliches, bewußtes Handeln entscheidet«.

Der Traum inszeniert die Befriedigung eines unbewussten Wunsches, dem im Wachleben der Zugang zum Bewusstsein verwehrt ist. In welcher Weise müssen aber die psychischen Systeme im Schlafzustand verändert sein, damit dies geschehen kann? Wie ist die Eigenart des Traumes, in dem die auftauchenden, unbewussten Wünsche als sinnliche Bilder wahrgenommen werden, zu erklären?

Die Anstöße zur Traumbildung stammen aus dem Unbewussten. Das Nachlassen der Zensur kann nicht allein dafür verantwortlich sein, denn damit lässt sich der halluzinatorische Charakter des Traumes nicht begreiflich machen. Die Erregungen müssen offensichtlich den umgekehrten Weg nehmen: vom motorischen Ende des seelischen Apparats zum Wahrnehmungsende. Der Traumvorgang ist demnach eine Regression: »Wir heißen es Regression, wenn sich im Traum die Vorstellung in das sinnliche Bild rückverwandelt, aus dem sie irgendeinmal hervorgegangen ist. ... so erklärt sich uns ohne weiteres die empirisch festgestellte Tatsache, daß alle Denkrelationen der Traumgedanken bei der Traumarbeit verlorengehen oder nur mühselig Ausdruck finden. ... *Das Gefüge der Traumgedanken wird bei der Regression in sein Rohmaterial aufgelöst.*« Die psychische Tätigkeit im Traum entspricht dem genetisch älteren seelischen Mechanismus der Halluzination oder der »Wahrnehmungsidentität, (die) nämlich auf die Wiederholung jener Wahrnehmung (zielt), welche mit der Befriedigung des Bedürfnisses verknüpft ist«.

Im Schlafzustand sind neben der geschwächten Zensur die Energiebesetzungen der psychischen Systeme verändert. Infolgedessen steht der Traum unter der Herrschaft der triebnahen Primärvorgänge, deren Arbeitsweise für das ›System Unbewußt‹ kennzeichnend ist. Unter dem weniger wachsamen Blick des ›Traumzensors‹ entstellen und verwandeln die Primärmechanismen der Verschiebung und Verdichtung die unbewussten Wünsche in den manifesten Trauminhalt und ermöglichen auf diese Weise ihre Befriedigung, ohne den Schlaf durch eine unverhüllte Bewusstwerdung zu unterbrechen und den Träumer zu wecken.

Im Stadium des Primärprozesses ist die psychische Energie besonders leicht verschiebbar. Diese Eigenschaft findet ihren Niederschlag in den Bedeutungsverschiebungen, die für den besonderen und auffälligen Charakter des Traumes verantwortlich sind. Aus diesem Grund kann eine nebensächliche Vorstellung die seelische Intensität und den Wert einer bedeutsamen Vorstellung an sich ziehen; im Falle der Verdichtung fließen viele Bedeutungen in einer Vorstellung zusammen. Derselbe Vorgang ist Freud zufolge auch bei der Symptombildung wirksam.

Das Konzept des Narzissmus

Das Vorbild für den Begriff des ›Narzissmus‹ ist dem antiken Mythos des Narziss entnommen. In den »Metamorphosen« beschreibt Ovid einen Jüngling, der sich, ohne es zu wissen, in sein eigenes ›vollkommenes‹ Spiegelbild verliebt und an seiner Sehnsucht danach zugrunde geht.

Seit der Jahrhundertwende wird der Begriff ›Narzissmus‹ in der Sexualpathologie für eine Form der Eigenliebe benutzt, »bei welcher das erwachsene Individuum den eigenen Leib mit all den Zärtlichkeiten bedenkt, die man sonst für ein fremdes Sexualobjekt aufwendet« . Freud führte das Konzept 1914 in die psychoanalytische Theorie ein. In seiner Schrift »Zur Einführung des Narzißmus« fasste er den Begriff wesentlich weiter und nutzte ihn zur Beschreibung bestimmter pathologischer Störungen wie auch alltäglicher Verhaltensweisen.

Die Entstehung des Ichs

Die wichtigste Neuerung im Zusammenhang mit der Einführung des Narzissmus betrifft die Rolle des Ichs. Im Rahmen der Psychoneurosen wird das Ich in erster Linie in seinem Verhältnis zur Realität bestimmt.

Es vertritt die Ansprüche der Außenwelt, erfüllt die Aufgabe der Realitätsprüfung und trachtet danach, den Realitätsbezug aufrechtzuerhalten. Wünsche und Vorstellungen, die mit den Realitätsanforderungen unvereinbar erscheinen, wehrt es ab.

Freuds Analyse der gleichgeschlechtlichen Liebeswahl in seiner Studie über »Eine Kindheitserinnerung des Leonardo da Vinci« (1910) und des paranoischen Größenwahns in der Fallgeschichte »Psychoanalytische Bemerkungen über einen autobiographisch beschriebenen Fall von Paranoia« (1911) brachte neue Aspekte des Ichs zum Vorschein. In beiden Phänomenen äußerte sich eine Ich- und Selbstverliebtheit, die Freud veranlasste, eine frühe Phase der Ichorganisation anzunehmen, in der das Ich sich selbst zum Liebesobjekt nimmt: »Es ist eine notwendige Annahme, daß eine dem Ich vergleichbare Einheit nicht von Anfang an im Individuum vorhanden ist; das Ich muß entwickelt werden. Die autoerotischen Triebe sind aber uranfänglich; ...« Da Freud ein geeignetes Motiv für die notwendige libidinöse Besetzung des Ichs fehlte, bemerkte er, dass »also irgend etwas zum Autoerotismus hinzukommen (muß), eine neue psychische Aktion, um den Narzißmus zu gestalten«.

Für die von Freud nicht näher bestimmte ›psychische Aktion‹ fand der französische Psychoanalytiker Jacques Lacan viele Jahre später in seinem berühmt gewordenen Aufsatz »Das Spiegelstadium als Bildner der Ich-Funktion« (1949) eine originelle Lösung. Lacan definierte die Spiegelstufe oder libidinöse Selbstbesetzung des Ichs als eine Identifikation »im vollen Sinne, den die Psychoanalyse diesem Terminus gibt: als eine beim Subjekt durch die Aufnahme des (eigenen) Bildes ausgelöste Verwandlung«.

Primärer und sekundärer Narzissmus

Vor allem das klinische Bild des paranoischen Größenwahns bewog Freud, von einer »ursprünglichen Libidobesetzung des Ichs (auszugehen), von der später an die Objekte abgegeben wird, die aber, im Grunde genommen, verbleibt und sich zu den Objektbesetzungen verhält wie der Körper eines Protoplasmatierchens zu den von ihm ausgeschickten Pseudopodien«.

Freud hatte drei Jahre zuvor den paranoischen Wahn des Gerichtspräsidenten Daniel Paul Schreber nach dessen autobiografischer Darstellung »Denkwürdigkeiten eines Nervenkranken« (1903) analysiert. Schreber leidet unter der Idee, dass die Welt untergegangen und er als einziger Mensch übrig geblieben sei. »Der Kranke hat den Personen seiner Umgebung und der Außenwelt überhaupt die Libidobesetzung entzogen, die ihnen bisher zugewendet war; damit ist alles für ihn gleichgültig und beziehungslos geworden ... seine subjektive Welt ist untergegangen, seitdem er ihr seine Liebe entzogen hat. ... der Paranoiker baut sie wieder auf, nicht prächtiger zwar, aber wenigstens so, daß er wieder in ihr leben kann.« In einer schmerzlichen Konfliktsituation zieht Schreber infolge einer ›narzisstischen Kränkung‹ seine Besetzungen von den Personen und Dingen zurück, sodass der wieder verfügbare Libidobetrag dem Ich zufällt und sich in einer bizarren Wahnwelt, in der Schreber sich als Gottes Weib fühlt, bemerkbar macht. Freud erkannte, dass Schrebers wahnhaftes Universum ein Versuch war, seine Libido erneut an Objekte zu binden.

Den Vorgang der Libidoablösung von den Objekten bezeichnete Freud – im Unterschied zum primären – als sekundären Narzissmus des Ichs. Das Ich, das sich durch die libidinöse Selbstbesetzung als Einheit konstituiert, gilt von da an als das »Reservoir der Libido«. Da Freud den paranoischen Größenwahn als Regression oder Rückkehr in einen früheren Zustand deutete, konnte er ihn zugleich als Schlüssel für den Aufbau des seelischen Apparats nutzen. Auf dieser Ebene lässt sich die Vorherrschaft des magischen Wunschdenkens im paranoischen Größenwahn mit der »Allmacht der Gedanken« bei Kindern und Primitiven vergleichen, obwohl es sich im ersten Fall um eine schwerwiegende narzisstische Erkrankung, im zweiten und dritten Beispiel um eine ›normale‹ narzisstische Stufe der psychosexuellen und kulturellen Entwicklung handelt.

Mit der Einführung des primären Narzissmus konnte Freud die Lücke zwischen seiner Konstruktion eines objektlosen, autoerotischen Frühzustands der sexuellen Libido und der Hinwendung zum Objekt schließen. Ursprünglich ist in den »Drei Abhandlungen zur Sexualtheorie« von 1905 nur von einer autoerotischen Phase die Rede. Freud veranschaulichte die autoerotische Befriedigung am Beispiel des »Lutschen(s) oder Wonnesaugen(s)«, das aus dem lustvollen Saugen an der Mutterbrust und der damit verbundenen Sättigung hervorgegangen war. Mit dem Daumenlutschen findet das Kind am eigenen Körper einen lustvollen Ersatz und erwirbt darüber ein Stück Unabhängigkeit. Die primärnarzisstische Stufe, in der das Ich sich selbst zum Liebesobjekt nimmt, verstand Freud als einen Zustand phantasmatischer Allmachts- und Omnipotenzgefühle, in dem sich das Kind selbst genügt. Ein Jahr später äußerte sich Freud erneut zum Verhältnis von Narzissmus und Autoerotismus:

»Das Ich findet sich ursprünglich, zu allem Anfang des Seelenlebens, triebbesetzt und zum Teil fähig, seine Triebe an sich selbst zu befriedigen. ... Die Außenwelt ist derzeit nicht mit Interesse (allgemein gesprochen) besetzt und für die Befriedigung gleichgültig.«

Der ökonomische Betrachtung seelischer Vorgänge

Mithilfe der triebökonomischen Begriffe von ›Besetzung‹ und ›Libido‹ trennte Freud die Besetzung des eigenen Ichs von einer Besetzung der Objekte, eine Ichlibido von einer Objektlibido. Unter Besetzung ist die energetische Kraft des Sexualtriebes oder der Libido gemeint, die notwendig ist, um sowohl das Ich als auch die Außenwelt lustvoll zu besetzen. Der Hintergrund von Freuds dualistischem Libidomodell bildet die Auseinandersetzung mit C.G. Jung. Dieser vertrat ab 1911 ein eigenes entsexualisiertes Libidoverständnis, eine monistische, einheitliche Auffassung von der Libido als »psychische(r) Energie« oder »psychischem Interesse«.

Die Libido (lat.: Lust oder Wunsch) ist Freud zufolge fluid und frei beweglich, verteilt sich, vom Ich ausgehend, auf dessen Objekte, Personen und Dinge der Außenwelt und kann gesteigert oder herabgesetzt werden. Entsprechend ist von ›Hochflut‹, ›Überschwemmung‹, ›Ablauf‹ und ›Strömung‹, ›rückläufigen Strömungen der Libido‹ oder ›Libidostauung‹ die Rede.

Die Idee einer ökonomischen Verteilung beruht auf der Vorstellung von einem energetischen Gleichgewicht zwischen der Ich- und der Objektlibido, d. h., je höher das Ich libidinös besetzt wird, desto weniger Libido bleibt für die Besetzung von Objekten übrig und umgekehrt. Seelische Störungen werden als Stauungen der Libido verbildlicht. Eine Libidostauung kann das Ergebnis einer äußeren Versagung sein, wenn ein geeignetes Objekt zur Befriedigung fehlt. Bei den neurotischen Erkrankungen handelt es sich um Objektlibidostauungen, bei den narzisstischen um Ichlibidostauungen. Im Lichte der ökonomischen Verteilung erscheint beispielsweise der Zustand der Verliebtheit als Entleerung des verliebten Ichs zugunsten seines Liebesobjekts. Das Ich verarmt an Libido, wenn es sein Objekt übermäßig besetzt. Die Verschiebung seiner Besetzungsenergie äußert sich in der Überschätzung des Liebesobjekts, dem das Ich alle wunderbaren Eigenschaften zuschreibt.

Ein Beispiel für einen narzisstischen Zustand liefert das alltägliche Phänomen des Schlafes. Wie Freud in der »Metapsychologische(n) Ergänzung zur Traumlehre« (1917) erläuterte, war der Schlafzustand das Vorbild eines ›absoluten Narzissmus‹, in dem das Ich versucht, alle Besetzungen der ›Systeme *Ubw* (Unbewußt)‹ und ›*Vbw* (Vorbewußt)‹ zurückzuziehen. Dieses Unterfangen scheitert in vielen Fällen an dem Verdrängten oder dem dynamisch Unbewussten des ›Systems *Ubw*‹, das zum Bewusstsein drängt und sich dem Schlafwunsch widersetzt. Um seine Bewusstwerdung zu verhindern, ist eine Reihe von Gegenbesetzungen erforderlich: »Soweit die Herrschaft des Ichs reicht, sind alle Systeme von Besetzungen entleert. Je stärker die *ubw* Triebbesetzungen sind, desto labiler ist der Schlaf. Wir kennen auch den extremen Fall, daß das Ich den Schlafwunsch aufgibt, weil es sich unfähig fühlt, die während des Schlafes frei gewordenen verdrängten Regungen zu hemmen, mit anderen Worten, daß es auf den Schlaf verzichtet, weil es sich vor seinen Träumen fürchtet.« Unter dem Begriff der Gegenbesetzung sind die Motive zu verstehen, mit deren Hilfe der Widerstand gegen die verdrängten unbewussten Triebwünsche aufrechterhalten wird.

Die zwei Prinzipien des seelischen Geschehens

Der kleine Aufsatz »Formulierungen über die zwei Prinzipien des psychischen Geschehens« aus dem Jahr 1911 stellt einen Vorläufer der ab 1914 veröffentlichten metapsychologischen Schriften dar. Freud problematisierte darin unter Einbeziehung früherer metapsychologischer Gedankengänge das Verhältnis zur Realität als zentralen Aspekt der seelischen Entwicklung. Zur Erklärung ging Freud von zwei Prinzipien aus, die das seelische Geschehen regulieren. Die Annahme eines Realitätsprinzips als Gegenspieler des Lustprinzips korrespondiert mit den bereits im »Entwurf« und in der »Traumdeutung« eingeführten Primär- und Sekundärvorgängen. Da alle seelische Tätigkeit dem Diktat des Lustprinzips unterworfen ist, erscheinen viele Anforderungen der Realität an den seelischen Apparat als unzumutbar. Freud wandte sich der Frage zu, unter welchen Bedingungen sich die Anerkennung des Realitätsprinzip vollzieht.

Er ging von einem anfänglichen psychischen Ruhezustand aus, der durch Bedürfnisreize wie Hunger und Durst gestört wurde. Wie Freud bereits im »Entwurf« ausführte, bestand die erste psychische Tätigkeit darin, die gewünschte Befriedigung unmittelbar zu halluzinieren, den Reiz als gestillt zu phantasieren. Da aber die Befriedigung im Dienste der Selbsterhaltung ein reales Objekt verlangt, wird die Erwartung enttäuscht. Dieses Moment der Enttäuschung ist für die weitere Entwicklung entscheidend. Die ausbleibende Befriedigung nötigt den psychischen Apparat, sich der Realität anzupassen: »Damit war ein neues Prinzip der seelischen Tätigkeit eingeführt; es wurde nicht mehr vorgestellt, was angenehm, sondern was real war, auch wenn es unangenehm sein sollte.«

Die Einsetzung des ›Realitätsprinzips‹ geht mit einer wachsenden Bedeutung der Außenwelt, der Sinnesorgane und des daran geknüpften Bewusstseins einher. Die Sinnesorgane tasten die Umwelt nicht länger allein nach ihrem lust- oder unlustspendenden Beitrag ab, sondern nehmen neue, für die Selbsterhaltung relevante Sinnesqualitäten an den Objekten wahr.

Obwohl Freud an dieser Stelle eine Reihe von Anpassungsleistungen des psychischen Apparats einführte, die vom Ich ausgeführt werden, erwähnte er das Ich noch an keiner Stelle. Die Adaptionen des psychischen Apparats finden ihren Niederschlag in der Ausbildung der Aufmerksamkeit als »periodische(n) Absuchen(s) der Außenwelt« sowie des Erinnerns, Urteilens, Handelns und Vorstellens. Die Denktätigkeit gestattet den für die Selbsterhaltung notwendigen Aufschub der Triebabfuhr: »Es ist im wesentlichen ein Probehandeln« mithilfe von Vorstellungen »unter geringer Verausgabung (Abfuhr) derselben.«

Von der Denktätigkeit im Dienste des Realitätsprinzips spaltet sich das ›Phantasieren‹ ab. Dieses Vermögen bleibt dem Lustprinzip unterworfen, indem es Wünsche auf illusionäre Weise befriedigt. Es kann in unterschiedlichen Formen auftreten: so im Spiel der Kinder oder in den Tagträumen. Wie Freuds Analyse ergab, arbeitet das Realitätsprinzip letztlich ebenfalls im Dienste des Lustprinzips. »In Wirklichkeit bedeutet die Ersetzung des Lustprinzips durch das Realitätsprinzip keine Absetzung des Lustprinzips, sondern nur eine Sicherung desselben.«

Die Entstehung und Entwicklung der Triebe

Im Mittelpunkt von Freuds Libidotheorie steht einer seiner umstrittensten Grundbegriffe: der ›Trieb‹ als treibende, drängende Kraft, als »eine kontinuierlich fließende, innersomatische Reizquelle«. In seinem Aufsatz »Triebe und Triebschicksale« aus dem Jahr 1915 ist Freud um eine ausführliche Definition seines Triebbegriffs, um die Aufklärung der Entstehung der Triebe und der beiden Triebarten, der Ich- oder Selbsterhaltungstriebe und der Sexualtriebe, bemüht.

Um die Funktionsweise des einzelnen Triebs zu verdeutlichen, zerlegte Freud den Trieb in Quelle, Drang, Ziel und Objekt. Der Triebbegriff erscheint »als ein Grenzbegriff zwischen Seelischem und Somatischem, als psychischer Repräsentant der aus dem Körperinneren stammenden, in die Seele gelangenden Reize, als ein Maß der Arbeitsanforderung, die dem Seelischen infolge seines Zusammenhanges mit dem Körperlichen auferlegt ist«. Der Trieb selbst konnte nach Freud nicht Gegenstand des Bewusstseins werden, er war lediglich an den Vorstellungen und Phantasien ablesbar, die sich an ihn hefteten und ihn repräsentierten. Der Widerstreit der beiden Triebarten, nämlich der Ich- oder Selbsterhaltungstriebe und der Sexualtriebe, bildet die Matrix allen seelischen Geschehens, sodass alle seelischen Vorgänge unter dem dynamischen Gesichtspunkt als Ergebnis dieser beiden biologisch-organischen Triebkräfte und der seelischen Bewältigungsstrategien betrachtet werden können.

Während das Triebziel nur ein einziges Bestreben, nämlich die Befriedigung des Triebes, kennt, ist das Objekt, mit dessen Hilfe das Triebziel erreicht wird, variabel und auswechselbar. Die Austauschbarkeit des Triebobjekts unterscheidet den Trieb vom Instinkt, bei dem eine innige Verknüpfung von Quelle, Ziel und Objekt herrscht. Als Ursprung der Triebe gelten die verschiedenen somatischen Zonen, von denen die orale, anale und genitale Körperzone auf das Seelenleben den größten Einfluss ausüben. An jede somatische Triebquelle ist ein Partialtrieb, d. h. ein spezifischer Lustgewinn und eine bestimmte psychische Bildung und Strebung geknüpft. Der orale Trieb äußert sich zum Beispiel in dem Wunsch, das Objekt zu verschlingen, es sich einzuverleiben. Auf einem höheren seelischen Niveau entspricht dies dem Vorgang der Identifizierung mit dem Objekt und drückt eine Gefühlsbindung aus. Das libidinöse Ziel des anal-sadistischen Partialtriebs zeigt sich darin, das Objekt in Besitz zu nehmen, über das Objekt zu verfügen und es zu beherrschen.

Die beiden Triebarten: Selbsterhaltungstriebe und Sexualtriebe

Die verschiedenen Triebe unterteilte Freud in zwei Gruppen: in die Ich- oder Selbsterhaltungstriebe und die Sexualtriebe. Das Vorbild für beide liefern der Hunger und die Nahrungsaufnahme. Wie Freud betonte, waren die infantilen autoerotischen Befriedigungen wie das Daumenlutschen der Beweis für die Ablösung der Sexualtriebe von den Selbsterhaltungstrieben. Aus diesem Grund bleiben die Sexualtriebe länger unter der Herrschaft des Lustprinzips und ordnen sich nur allmählich und mühsam dem Realitätsprinzip unter. Während es den Sexualtrieben möglich ist, sich mittels eines Objekts der Phantasie zu befriedigen, sind die Selbsterhaltungstriebe auf ein reales Objekt angewiesen und daher dem Realitätsprinzip unterworfen. Die Sexualtriebe beziehungsweise die Partialtriebe »betätigen sich zunächst unabhängig voneinander und werden erst spät zu einer mehr oder minder vollkommenen Synthese zusammengefaßt. ... erst nach vollzogener Synthese treten sie in den Dienst der *Fortpflanzungsfunktion*, womit sie dann als Sexualtriebe allgemein kenntlich werden.«

Die Triebschicksale

Die Entwicklung der Triebe und ihre vielfältigen Umwandlungen bezeichnete Freud als Triebschicksale. Sie ergeben sich zum größten Teil aus der Abwehr der Triebe. Freud untersuchte die Triebentwicklung mit Blick auf die drei großen Gegensätze: ›aktiv–passiv‹, ›Lust–Unlust‹ und ›Subjekt–Objekt‹, die das Seelenleben beherrschen. Er nannte vier Triebschicksale: »Die Verkehrung ins Gegenteil. Die Wendung gegen die eigene Person. Die Verdrängung. Die Sublimierung«, von denen er in dem Aufsatz lediglich die ersten beiden untersuchte.

Wie die beiden erstgenannten Schicksale zeigen, können nicht allein die Triebobjekte, sondern auch die Triebziele der Sexualtriebe vertauscht werden. Im Fall von Sadismus–Masochismus besteht die Befriedigung des aktiven sadistischen Triebziels darin, das Objekt zu quälen, und das Triebziel kann sich in sein passives masochistisches Gegenteil, also in die Lust, gequält zu werden, verkehren. Im Fall von Voyeurismus–Exhibition verwandelt sich die Schaulust in Zeigelust. Die Lust zu schauen wird durch diejenige, beschaut zu werden, ersetzt. Die Verkehrung des aktiven Triebziels in ein passives schließt in beiden Fällen die Wendung gegen die eigene Person mit ein.

Das gleichzeitige Nebeneinander der aktiven und passiven Triebregungen bezeichnete Freud in Anlehnung an Eugen Bleuler als Ambivalenz, deren Ausmaß individuell verschieden ist. Ein bestimmtes Maß an Triebambivalenz ist erworben und ist eine Folge der Triebunterdrückung im Namen der Kultur.

Um die Entstehungsgeschichte der Ambivalenz und die Beziehungsqualität des Ichs zu seinen Objekten aufzuklären, warf Freud erneut einen Blick auf die narzisstische Verfassung des Ichs. Das Erlebnis der ausbleibenden Befriedigung drängt dem Ich den ersten Gegensatz auf: die Trennung von Ich und Außenwelt. Das ursprüngliche Real-Ich, das der Außenwelt gegenüber passiv und indifferent ist, wandelt sich in ein »purifiziertes *Lust-Ich*, welches den Lustcharakter über jeden anderen setzt. Die Außenwelt zerfällt ihm in einen Lustanteil, den es sich einverleibt hat, und einen Rest, der ihm fremd ist.« In dieser Phase ist es narzisstisch und befriedigt seine libidinösen Bedürfnisse autoerotisch – wie am Beispiel des Daumenlutschens deutlich wurde.

Nach dieser Herleitung ist die Liebe zu einem Objekt anfänglich narzisstisch, d. h., das Ich liebt sich selbst, bevor es ein Objekt liebt. Die Bezeichnung ›lieben‹ im eigentlichen Sinne verdient nach Freud erst die ›ganze‹ Sexualstrebung des Ichs in der Beziehung zu seinem Sexualobjekt.

Liebe und Hass haben keinen gemeinsamen Ursprung: »Der Haß ist als Relation zum Objekt älter als die Liebe, er entspringt der uranfänglichen Ablehnung der reizspendenden Außenwelt von seiten des narzißtischen Ichs«. Während die Liebe zum Objekt an die Sexualtriebe geknüpft ist, geht der Hass aus dem Kampf des Ichs um Selbstbehauptung und -erhaltung hervor: »Das Ich haßt, verabscheut, verfolgt mit Zerstörungsabsichten alle Objekte, die ihm zur Quelle von Unlustempfindungen werden, gleichgültig ob sie ihm eine Versagung sexueller Befriedigung oder der Befriedigung von Erhaltungsbedürfnissen bedeuten.«

Die ersten Keime der Objektliebe wachsen auf dem Boden der prägenitalen Organisationsstufen. Zugleich sind beide Stufen, die orale und analsadistische, durch eine hohe Ambivalenz geprägt. Dem Ineinander widerstreitender libidinöser und destruktiver Regungen entspricht auf der oralen Stufe der Wunsch, sich die Mutterbrust einzuverleiben, sie zu fressen. Die Alltagssprache hat diesen Ursprung der Liebe und deren zweideutigen Charakter in dem Ausspruch: jemanden ›zum Fressen lieb haben‹, bewahrt. Auf der anal-sadistischen Stufe zeigt sich die ambivalente Beziehung in dem Bedürfnis, das Objekt besitzen zu wollen, über es zu verfügen, es damit aber auch wegwerfen und vernichten zu können. Von Lieben und Hassen im eigentlichen Sinne kann erst auf der genitalen Stufe gesprochen werden: »Erst mit der Herstellung der Genitalorganisation ist die Liebe zum Gegensatz vom Haß geworden.« Mit dem Begriff der ›Ambivalenz‹ ist die Verbindung von Liebe und Haß, von libidinösen und destruktiven Gefühlen im Verhältnis des Ichs zu ein und demselben Objekt bezeichnet.

Das Triebschicksal der Verdrängung

Dem Triebschicksal der Verdrängung widmete Freud eine getrennte Schrift, in der er die Verdrängung zwischen »Flucht und Verurteilung« ansiedelt. Er unterteilte den Mechanismus der Verdrängung in eine erste und zweite Phase: in eine ›Urverdrängung‹ und in die eigentliche ›Verdrängung‹. Im ersten Schritt wird einer triebbesetzten Vorstellung der Zutritt zum Bewusstsein untersagt, sodass der Trieb von da an, an die Vorstellung fixiert und im Unbewussten erhalten bleibt. Die Triebregung ist damit nicht erledigt, sondern produziert vielmehr psychische Abkömmlinge oder verbindet sich auf assoziativem Wege mit anderen Vorstellungen ähnlichen Inhalts, die dann ebenfalls verdrängt werden müssen. »Die eigentliche Verdrängung ist also ein Nachdrängen.«

In den neurotischen Erkrankungen entwickeln sich die verdrängten Triebregungen und Vorstellungen ungestört und unbehelligt weiter. Das Verdrängte gibt keine Ruhe, sondern »erfordert einen anhaltenden Kraftaufwand, mit dessen Unterlassung ihr Erfolg in Frage gestellt wäre, ... das Verdrängte (übt) einen kontinuierlichen Druck in der Richtung zum Bewußten hin aus (...), dem durch unausgesetzten Gegendruck das Gleichgewicht gehalten werden muß.«

Wird eine verdrängte, anstößige Vorstellung durch bestimmte Umstände aktiviert, erhöht sich die Energiebesetzung und es kommt zum Konflikt. Die verdrängte Triebrepräsentanz setzt sich aus der Vorstellung und einem Affektbetrag zusammen. Für eine erfolgreiche Verdrängung ist das ›Schicksal des Affektbetrags‹ wichtiger als die verdrängte Vorstellung. Das Motiv der Unlustvermeidung wird nur dann erreicht, wenn es ihr gelingt, den Affektbetrag zu verdrängen.

Wie zu sehen war, werden die verdrängten Triebrepräsentanzen, Vorstellungen und Affekte, durch den Verdrängungsvorgang nicht zerstört, sondern sie drängen vielmehr danach, wieder ins Bewusstsein zu gelangen. Dies geschieht auf dem Umweg der Verschiebung, Verdichtung und Konversion und macht sich in den Ersatzbildungen und Symptomen bemerkbar, die Freud als die »Wiederkehr des Verdrängten« bezeichnete.

Das Triebschicksal der Sublimierung

Zum Triebschicksal der Sublimierung äußerte sich Freud nur gelegentlich. Im Aufsatz über den Narzissmus erwähnte er zum ersten Mal eine primärnarzisstische Bildung des Ichs, das Idealich, das er später der Instanz des Über-Ichs zurechnet. Die Annahme eines Idealichs ermöglicht es, zwei psychische Vorgänge und ihre Bedeutung für die Entwicklung des Ichs zu unterscheiden: den Vorgang der Idealisierung und der Sublimierung. Während die Idealisierung eine psychisch kostengünstige, narzisstische Aufwertung des Objekts ungeachtet seiner tatsächlichen Eigenschaften und Größe darstellt, ist die Sublimierung eine psychische Leistung, die den Trieb betrifft. Bei der Sublimierung des Triebes wird dessen sexuelles Ziel durch ein anderes, desexualisiertes, sublimeres und sozial wertvolleres Triebziel ersetzt. Vor allem die intellektuellen und künstlerischen Tätigkeiten beruhen nach Freud auf dieser wertvollsten seelischen Technik der Unlustvermeidung und Leidabwehr. Durch die »Libidoverschiebungen, welche unser seelischer Apparat gestattet, ... (gewinnt) seine Funktion so viel an Geschmeidigkeit. Die zu lösende Aufgabe ist, die Triebziele solcherart zu verlegen, daß sie von der Versagung der Außenwelt nicht getroffen werden können.« Die Ichidealbildung kann zwar eine Sublimierung des Triebes zur Folge haben, ist aber nicht mit ihr identisch. Gerade die neurotischen Erkrankungen sind eine Folge des Auseinanderklaffens von Idealisierung und Sublimierung und der pathogenen Spannung, die daraus erwächst.

5

Die Einführung des Todestriebes und Freuds letztes Seelenmodell

Freud hielt an dem Triebgegensatz von Ich- oder Selbsterhaltungstrieben und Sexualtrieben bis zu seiner Abhandlung »Jenseits des Lustprinzips« im Jahr 1920 fest. Mit dem vertieften Studium der narzisstischen Störungen kommt die Annahme, dass die Haupttendenz des seelischen Apparats in der »Vermeidung von Unlust oder Erzeugung von Lust« bestehe, ins Wanken. Offensichtlich sind nicht alle seelischen Vorgänge dem Diktat des Lustprinzips unterworfen, sodass sich die Frage stellt, welche Kräfte sich diesem widersetzen und aus welchen Gründen. Die Beantwortung mündet in die Einführung des Todestriebes als Gegenspieler der Lebenstriebe. Dem Aggressionstrieb wird nun eine gleichrangige Bedeutung wie dem Sexual- oder Lebenstrieb beigemessen.

Der Wiederholungszwang

Freud begegnete im Laufe seiner Theoriebildung dem Phänomen der Wiederholung in seinen unterschiedlichen Schattierungen. Mit der Analyse der ›narzißtischen Neurosen‹ und der traumatischen Neurosen, aber auch des ›normalen‹ Seelenlebens rückte der Wiederholungscharakter der seelischen Vorgänge immer mehr ins Licht. So die Wiederholungen unlustvoller und schmerzhafter Erlebnisse, die zum einen das seelische Wachstum fördern, zum anderen eine ›dämonische‹, selbstschädigende Gestalt annehmen können. Zur Klärung des Problems untersuchte Freud drei Beispiele: die traumatische Neurose, das Kinderspiel und den neurotischen Übertragungswiderstand in der psychoanalytischen Behandlung.

Einblicke in die traumatische Neurose boten ihm die Unfallneurotiker, und vor allem die zahlreichen, aus dem 1. Weltkrieg heimgekehrten Kriegsneurotiker. Eine traumatische Neurose tritt als Folge eines plötzlich eintretenden, lebensbedrohlichen Ereignisses auf, das sich anschließend in einer Reihe von Symptomen, Ängsten und Albträumen äußert. Während der Kranke im Wachzustand kaum mit der krankheitsverursachenden Situation befasst ist, wiederholt er in seinen Träumen immer wieder das Unfallgeschehen, um jedes Mal an einem bestimmten Punkt voll Schrecken daraus zu erwachen. Dieses Element ist unter anderem mit Freuds Annahme aus der »Traumdeutung«, dass jeder Traum eine halluzinatorische Wunscherfüllung sei, nicht vereinbar.

Von hier aus spannte Freud den Bogen zum Umgang der Kinder mit unlustvollen Erlebnissen. Als Fallbeispiel diente ihm sein 1½-jähriger Enkel, dessen Reaktionen auf die Trennung und mehrstündige Abwesenheit der Mutter er mehrfach beobachtet hatte. Sobald die Mutter fort ist, widmet sich der Junge einem ›selbstgeschaffenen Spiel‹, das den schmerzhaften Verzicht auf die Mutter und die Freude über ihr Wiederkommen symbolisiert. Dazu wirft er eine an einem Faden hängende Holzspule über den Rand seines Kinderbettes, sodass sie nicht mehr zu sehen ist, um sie anschließend erfreut wieder hervorzuziehen. Im Spiel um das Verschwinden und Wiedererscheinen der Holzspule verwandelt er sein passives Erleiden in eine aktive Bemächtigung. Erklärungsbedürftig schien Freud die Tatsache, dass die Anzahl der Wiederholungen ungleich verteilt war. Der unlustvolle Teil des Verschwindens fordert eine höhere Anzahl von Wiederholungen als der lustvolle Akt des Wiedererscheinens. Das Spiel liefert den Beweis, dass es »unter der Herrschaft des Lustprinzips Mittel und Wege genug gibt, um das an sich Unlustvolle zum Gegenstand der Erinnerung und seelischen Bearbeitung zu machen«.

Das dritte Beispiel betrifft den Übertragungswiderstand, der den Heilungsprozess des Patienten blockiert und der psychoanalytischen Behandlungsmethode eine empfindliche Grenze setzt. Das Problem von Übertragung und Widerstand entwickelt sich in den folgenden Jahren zu einem Kernstück der psychoanalytischen Technik.

Mit dem Begriff der ›Übertragung‹ sind wechselnde, verschiedene Verhaltensweisen und Reaktionen des Patienten gegenüber dem Analytiker gemeint, in denen sich die Beziehung zu wichtigen Personen aus der Kindheit wiederholt. Schon im Zusammenhang mit der Hysterie stellte Freud fest, dass die Neurotiker dazu tendieren, den Arzt libidinös zu besetzen und ihre unbewussten seelischen Konflikte auf ihn zu übertragen. Die Aufgabe des Therapeuten ist es, diese Übertragungen zu deuten und dem Patienten bewusst zu machen. Somit erweist sich die Übertragung als die Bedingung der psychoanalytischen Behandlung.

Im Falle der narzisstischen Störungen wie der Paranoia verhindert das Übermaß an narzisstischer Libido oder Ichlibido den Aufbau einer Übertragungsbeziehung, weshalb sie sich der Beeinflussbarkeit durch die psychoanalytische Methode entziehen. Narzisstische Verhaltensweisen gefährden auch im Fall der neurotischen Erkrankungen die Zusammenarbeit zwischen Arzt und Patient. Die Übertragungswiderstände äußern sich verschiedentlich. So kann der Patient während einer Therapiesitzung die Kommunikation mit dem Arzt abbrechen und schweigen, die Sitzung versäumen oder die Therapie und damit seinen Heilungswunsch aus verborgenen Motiven überhaupt aufgeben. In dem Verhalten spiegelt sich die Unfähigkeit des Patienten wider, den unbewussten Konflikt als ein »Stück der Vergangenheit zu erinnern«. Die Patienten wiederholen unangenehme, traumatische Erfahrungen aus ihrer Kindheit, ohne es zu wissen. Sie handeln vielmehr in dem Glauben, auf ein aktuelles Ereignis zu reagieren. Dieses neurotische Verhalten tritt regelmäßig in graduellen Abstufungen innerhalb der psychoanalytischen Behandlung auf.

Am deutlichsten tritt diese Tendenz in der Schicksalsneurose zutage, in einer gefährlichen Reinszenierung alter Erfahrungen, die der Betroffene als unausweichliches Schicksal erlebt. Das selbstschädigende Moment der zwanghaften Wiederholungen lässt sich schwerlich nach der bisherigen Definition der Verdrängung deuten. Sie geht davon aus, dass es sich bei Symptomen um Kompromissbildungen handelt, die in entstellter Form die Befriedigung eines unterdrückten Wunsches erlauben. Da der Wiederholungszwang dem widerspricht, sah sich Freud dazu veranlasst, von einer Tendenz des Seelenlebens auszugehen, die dem Lustprinzip entgegenarbeitet.

Die klinische Beobachtung der negativen therapeutischen Reaktion gibt schließlich den Ausschlag für die Neuordnung des seelischen Apparats. Die negative therapeutische Reaktion äußert sich darin, dass sich der Zustand des Patienten trotz einer guten analytischen Arbeit verschlimmert. Als Grund nahm Freud ein unbewusstes Strafbedürfnis an: Der Patient ist unbewusst davon überzeugt, dass er sein Leiden verdient. Das unbewusste Strafbedürfnis ist eine Äußerung der selbstzerstörerischen Kraft des Todestriebes und vereitelt nicht nur die Heilungsabsichten, sondern steht dem Leben insgesamt feindlich entgegen.

Der Reizschutz

Freud führte Traumen auf das Versagen des seelischen Apparats zurück, übergroße Reizmengen psychisch zu binden. Die posttraumatischen Angst- und Unfallträume sind demnach Versuche, die missglückte Reizbewältigung durch Angstentwicklung nachzuholen, um nachträglich die eingebrochenen Reize zu binden.

Der Reizschutz erweist sich als eine elementare Funktion, um den Organismus vor zu großen Reizmengen zu schützen, die ihn zu zerstören drohen. In dieser psychophysiologischen Erklärung kommt den Sinnesorganen nicht nur, wie in früheren Beschreibungen, die Reizaufnahme, sondern vor allem die Aufgabe zu, übergroße Reizmengen abzuhalten. Die Sinnesorgane tasten die Außenwelt danach ab, ob die Gefahr der Reizüberflutung droht. Erregungen, die den Reizschutz durchbrechen, entfalten jene schockartige Wirkung, wie sie bei den Unfallneurosen zu beobachten ist. Der psychische Apparat ist auf das Ereignis nicht ausreichend vorbereitet, sodass der Organismus überrumpelt wird. Nach einem derartigen Durchbruch laufen alle Anstrengungen des seelischen Apparats darauf hinaus, die Reize psychisch zu binden und Gegenbesetzungen zu schaffen. Entsprechend ist nur ein auf Reize eingestelltes, also angstbereites, wachsames und energetisch hoch besetztes System imstande, ankommende Reizmengen aufzufangen und in »ruhende Besetzungen umzuwandeln«, d. h. psychisch zu binden. Während gegen die von außen kommenden Reize ein relativer Schutz möglich ist, fehlt er für die inneren Erregungen und Triebreize gänzlich. Als Abwehrformen stehen dem seelischen Apparat die Mechanismus der Verdrängung oder der Projektion zur Verfügung. Die inneren Reize werden also entweder unterdrückt oder nach außen geworfen, projiziert, und wie von außen kommende Reize behandelt.

Der dämonische Charakter des Wiederholungszwanges

Das Phänomen des dämonischen Wiederholungszwangs inspirierte Freud zu einer Spekulation über das Leben und seine Entstehung. Es enthüllt die »konservative Natur der Triebe« und allen organischen Lebens: »*Ein Trieb wäre also ein dem belebten Organischen innewohnender Drang zur Wiederherstellung eines früheren Zustandes*, welchen dies Belebte unter dem Einflusse äußerer Störungskräfte aufgeben mußte, eine Art von organischer Elastizität, oder wenn man will, die Äußerung der Trägheit im organischen Leben.« Unter dem Einfluss des Todestriebes erscheint das Ziel des Lebens folgerichtig als Rückkehr in den anorganischen Zustand: »Es muß vielmehr ein alter, ein Ausgangszustand sein, den das Lebende einmal verlassen hat und zu dem es über alle Umwege der Entwicklung zurückstrebt. Wenn wir es als ausnahmslose Erfahrung annehmen dürfen, daß alles Lebende aus *inneren* Gründen stirbt, ins Anorganische zurückkehrt, so können wir nur sagen: *Das Ziel alles Lebens ist der Tod*, und zurückgreifend: *Das Leblose war früher da als das Lebende.*«

Wenn alles Triebleben auf die Rückkehr ins Anorganische hin orientiert ist, warum gibt es dann überhaupt so etwas wie das Leben? Die Antwort Freuds untergräbt die offensichtlich illusionäre Vorstellung, dass dem Leben ein Trieb zur Vervollkommnung innewohne. Alle Fortschritte sind eine Folge des verdrängten Triebes, der nie aufgibt, »nach seiner vollen Befriedigung zu streben, die in der Wiederholung eines primären Befriedigungserlebnisses bestünde; alle Ersatz-, Reaktionsbildungen und Sublimierungen sind ungenügend, um seine anhaltende Spannung aufzuheben, und aus der Differenz zwischen der gefundenen und der geforderten Befriedigungslust ergibt sich das treibende Moment ...« Während die Selbsterhaltungstriebe lediglich als triebhafte Abwehr äußerer Gefahren im Dienste der Rückkehr in den anorganischen Ausgangszustand erscheinen, stellen die Sexualtriebe die größte und einzige Gegenmacht gegen den Tod dar. Die Lebenstriebe in Gestalt des Eros sind bestrebt, das Leben zu erneuern und »das Organische zu immer größeren Einheiten zusammenzufassen«. Sie erreichen lediglich eine Verzögerung, einen Aufschub für unbestimmte Zeit. Den Todestrieb, der »nach Aufhebung der inneren Reizspannung«, nach der Rückkehr in einen reizlosen Zustand strebt, bezeichnete Freud in Anlehnung an Barbara Low als ›Nirwanaprinzip‹. Der Todestrieb erweist sich letztlich als stärkste Kraft.

Freud verwies selbst mehrmals auf den spekulativen Charakter der Triebtheorie: »Die Trieblehre ist sozusagen unsere Mythologie. Die Triebe sind mythische Wesen, großartig in ihrer Unbestimmtheit. Wir können in unserer Arbeit keinen Augenblick von ihnen absehen und sind dabei nie sicher, sie scharf zu sehen.«

Sadismus und Masochismus

Die Annahme von der Existenz zerstörerischer Tendenzen im Seelenleben bewog Freud dazu, den Gegensatz von Sadismus und Masochismus als Äußerungsform des Todestriebes zu analysieren.

Unter dem Einfluss seiner Todestriebkonzeption deutete Freud den Sadismus nun als Abkömmling eines primären Masochismus. Analog zu dem primären und sekundären Narzissmus unterschied Freud einen ursprünglichen und einen sekundären Masochismus. Demnach richtet sich der Todestrieb ursprünglich gegen die eigene Person und verwandelt sich erst anschließend in eine gegen den anderen gerichtete Aggression, in den nach außen gewendeten Sadismus. Im sekundären Masochismus werden die zerstörerischen, sadistischen Triebimpulse wieder gegen das eigene Selbst gerichtet, sadistische in masoschistische Verhaltensweisen zurückverwandelt.

Der seelische Gegensatz von Masochismus und Sadismus gewinnt im Zusammenhang mit der Instanz des Über-Ichs im zweiten Seelenmodell an Bedeutung. Die Unterscheidung zwischen den einzelnen Instanzen Es, Ich und Über-Ich erlaubt es, den Gegensatz von Sadismus und Masochismus auf innerseelische Vorgänge anzuwenden. Der sadistischen Strenge des Über-Ichs steht ein masochistisches Strafbedürfnis des Ichs gegenüber, wie es in der negativen therapeutischen Reaktion und in der Melancholie zum Ausdruck kommt.

Das zweite Modell des Seelenlebens

Die neue psychoanalytische Auffassung über die Genese des Ichs und seine Funktionen bezeichnete Freud selbst als ›Umwertung‹. Er zählt sie neben der kopernikanischen Wende, der Erkenntnis, dass die Erde nicht der Mittelpunkt des Universums ist, und der Einsicht der darwinschen Evolutionstheorie in die Abstammung des Menschen aus dem Tierreich zu den großen Kränkungen der ›naiven Eigenliebe‹ der Menschheit. »Die dritte und empfindlichste Kränkung aber soll die menschliche Größensucht durch die heutige psychologische Forschung erfahren, welche dem Ich nachweisen will, daß es nicht einmal Herr ist im eigenen Haus, sondern auf kärgliche Nachrichten angewiesen bleibt von dem, was unbewußt in seinem Seelenleben vorgeht.« Die neue Stellung des Ichs im Seelenleben des Menschen legte Freud in seiner Schrift über »Das Ich und das Es« dar. Das zweite topische Modell untergliedert die Seele in drei Instanzen: das Es, das Ich und das Über-Ich. Da sich die innerseelische Dynamik der Prozesse damit besser fassen ließ, benutze Freud ab 1923 vorwiegend das zweite Modell zur Erklärung der seelischen Vorgänge. Das bedeutete keineswegs, dass das erste Modell mit seiner Unterscheidung der Systeme ›Unbewußt‹ und ›Bewußt-Vorbewußt‹ hinfällig war, vielmehr sollten beide Ansichten des psychischen Apparats einander ergänzen.

Die Instanz des Ichs

Die radikale Veränderung und Umarbeitung der Triebtheorie hat weitreichende Folgen. Die Ich- oder Selbsterhaltungstriebe verlieren einen

Teil ihrer Autonomie und werden in den Triebdualismus von Lebens- und Todestrieben aufgenommen.

Im Rahmen des ersten topischen Modells tritt das Ich in erster Linie als Interessenvertreter der Ansprüche der Außenwelt und als Agentur der Verdrängung auf. In dieser Funktion weist das Ich einerseits anstößige Wahrnehmungen, die Gefühle von Scham und Unlust auslösen, ab, andererseits lässt es unbewusste Inhalte nicht unmittelbar, sondern nur in bearbeiteter Form zum Bewusstsein zu.

Auf die topische Unterscheidung der beiden Systeme ›Unbewußt‹, ›Vorbewußt-Bewußt‹ angewendet, ergeben sich daraus zwei Fassungen des Unbewussten: ein dynamisches und ein latentes Unbewusstes. Dynamisch betrachtet, ist etwas unbewusst, weil es verdrängt wurde. Von ihm wissen wir nur, weil die verdrängten Vorstellungen damit nicht erledigt sind, sondern unbewusst weiterwirken. Die verdrängten Vorstellungen können aber nicht bewusst werden, da der Verdrängungswiderstand des Ichs es verhindert. Daraus leitete sich der Anspruch der Psychoanalyse ab, mithilfe der psychoanalytischen Technik das pathogen wirkende, verdrängte Unbewusste bewusst machen zu können. Das latente Unbewusste gehört hingegen dem System ›Vorbewußt‹ an, ist bewusstseinsfähig und kann sich in Bewusstes umwandeln.

Im zweiten topischen Modell wird der Aufgabenbereich des Ichs neu bestimmt: »Wir haben uns die Vorstellung von einer zusammenhängenden Organisation der seelischen Vorgänge in einer Person gebildet und heißen diese das *Ich* derselben. An diesem Ich hängt das Bewußtsein, es beherrscht die Zugänge zur Motilität, das ist: zur Abfuhr der Erregungen in die Außenwelt; es ist diejenige seelische Instanz, welche die Kontrolle über all ihre Partialvorgänge ausübt, welche zur Nachtzeit schlafen geht und dann immer noch die Traumzensur handhabt. Von diesem Ich gehen auch die Verdrängungen aus, durch welche gewisse seelische Strebungen nicht nur vom Bewußtsein, sondern auch von den anderen Arten der Geltung und Betätigung ausgeschlossen werden sollen.«

Das Ich strebt danach, die seelischen Vorgänge zusammenzufassen und zu vereinheitlichen. Im Unterschied zum chaotischen Es ist es vernünftig und besonnen. Es ist wesentlich durch die Beziehung zur Außenwelt definiert, übt die Realitätsprüfung aus und erwirkt durch seine Denktätigkeit einen Aufschub zwischen Bedürfnis und Handlung.

Die klinische Beobachtung der negativen therapeutischen Reaktion drängte Freud dazu, die Ichfunktion der Verdrängung neu zu überdenken. Wenn es Unbewusstes gab, das nicht erinnert, sondern nur wiederholt werden konnte, dann war das Verdrängte nicht, wie bisher angenommen, mit dem Unbewussten identisch. Richtiger war: »...daß alles Verdrängte *ubw* ist, aber nicht alles *Ubw* ist auch verdrängt.« Das Ich kann damit nicht länger in dem ›System Vorbewußt-Bewußt‹ angesiedelt werden, sondern bestimmte Anteile und Funktionen des Ichs müssen selbst unbewusst sein. Das betrifft insbesondere den vom Ich ausgehenden Widerstand, der weitgehend unbewusst vor sich gehen muss.

In seiner neuen Rolle ist das Ich wesentlich abhängiger. Es steht zwischen den Instanzen Es und Über-Ich und der Außenwelt und muss drei Seiten genügen: den Triebansprüchen des Es, der Strenge des Über-Ichs und den Anforderungen der Außenwelt.

Die Instanz des Es

Mit den neuen Einsichten ins Ich wandelte sich auch, wie wir gesehen haben, die Definition des Unbewussten. In Anlehnung an Georg Groddeck, von dem der Begriff stammte, sprach Freud vom Es, das nun Unbewusstes und Verdrängtes enthält. Es entspricht zwar weitgehend dem System ›Unbewußt‹ aus dem ersten Modell, ist aber nicht mehr mit diesem identisch. Der Bereich des Unbewussten erstreckt sich auf Teile des Ichs und Über-Ichs, die selbst aus dem Es hervorgegangen sind. Ökonomisch betrachtet, ist das Es das große Reservoir der Libido. Es ist der Sitz der Triebe und hereditären Anlagen: »Die älteste dieser psychischen Provinzen oder Instanzen nennen wir das *Es*; sein Inhalt ist alles, was ererbt (ist), ... vor allem also die aus der Körperorganisation stammenden Triebe ...« Es enthält neben den verdrängten Inhalten, phylogenetisch erworbene und angeborene, worauf Freud in seinen kulturtheoretischen Schriften mehrfach eingeht.

Das Es verkehrt nur über die Vermittlung des Ichs mit der Außenwelt. Da das Ich selbst aus dem Es hervorgegangen ist, ist der Übergang zwischen den beiden Instanzen fließend. Dynamisch betrachtet, ist die Beziehung des Es mit dem Ich und Über-Ich konflikthaft. Im Vergleich zum Ich ist das Es ein »Kessel voll brodelnder Erregungen. ... Von den Trieben her erfüllt es sich mit Energie, aber es hat keine Organisation, bringt keinen Gesamtwillen auf ...«

Da das Es unter der Herrschaft des Lustprinzips steht, versucht es, seine Triebregungen rücksichtslos zu befriedigen. Es hat keine Moral, kennt nicht den Unterschied zwischen Gut und Böse. In ihm sind die logischen Denkgesetze außer Kraft gesetzt, sodass gegensätzliche und widersprüchliche Regungen nebeneinander bestehen. Zudem sind die in ihm enthaltenen Wunschregungen virtuell unsterblich.

Als Sitz der unbewussten Empfindungen und Leidenschaften gibt das Es daher dem Ich weitgehend die Richtung vor. Mühselig und mit mäßigem Erfolg versucht das Ich die Triebansprüche des Es zu bändigen. Im Bild von Reiter und Pferd gleicht das Ich »dem Reiter, der die überlegene Kraft des Pferdes zügeln soll, mit dem Unterschied, daß der Reiter dies mit eigenen Kräften versucht, das Ich mit geborgten. ... Wie dem Reiter, will er sich nicht vom Pferd trennen, oft nichts anderes übrigbleibt, als es dahin zu führen, wohin es gehen will, so pflegt auch das Ich den Willen des Es in Handlung umzusetzen, als ob es der eigene wäre.«

Freud ergänzte in seiner Schrift »Die endliche und die unendliche Analyse« (1937), dass die Zähmung der Triebregungen aus dem Es von der relativen Stärke des Ichs abhängt. Befindet sich das Ich in einem Zustand der Erschöpfung oder Schwäche, melden sich die Triebwünsche vehement zurück und bedrängen es erneut. Der Grad der Stärke beziehungsweise Schwäche des Ichs ist vom Ausmaß der verdrängten Triebwünsche abhängig. Je mehr Triebwünsche ein Kind verdrängen muss, um die Ansprüche seiner Umgebung zu erfüllen, desto schwächer sein Ich. »Alle Verdrängungen ... sind primitive Abwehrmaßregeln des unreifen, schwachen Ichs. In späteren Jahren werden keine neuen Verdrängungen vollzogen, aber die alten erhalten sich, und ihre Dienste werden vom Ich weiterhin zur Triebbeherrschung in Anspruch genommen. Neue Konflikte ... werden durch ›Nachverdrängung‹ erledigt.«

Die Instanz des Über-Ichs

Ein noch größerer Widerstand gegen die psychoanalytische Behandlung droht nicht vonseiten des Es, sondern von den höheren seelischen Leistungen wie der Selbstkritik und dem Gewissen, die nach traditioneller Auffassung dem Bewusstsein zugerechnet werden. Das Es als Sitz der unbewussten ›niedrigen Leidenschaften‹ war nach Freud noch hinnehmbar; befremdlich hingegen schien, dass die genannten höheren seelischen Tätigkeiten größtenteils unbewusst vor sich gehen. »Die neue Erfahrung aber, die uns nötigt, ... von einem *unbewußten Schuldgefühl* zu reden, ... gibt uns neue Rätsel auf, besonders wenn wir allmählich erraten, daß ein solches unbewußtes Schuldgefühl bei einer großen Anzahl von Neurosen eine ökonomisch entscheidende Rolle spielt und der Heilung die stärksten Hindernisse in den Weg stellt.«

Freud führte die Instanz des Über-Ichs oder des Ichideals ein, das ebenfalls aus dem Es hervorgegangen ist. Für seine Bildung spielen Identifizierungsvorgänge eine wichtige Rolle. Wie Freud in »Zur Einführung des Narzißmus« ausführte, kann sich das Ich selbst zum Objekt nehmen. Dieser Vorgang ist nicht nur an den unterschiedlichen Formen der Selbstliebe, sondern auch an denen der Selbstkritik ablesbar. Es kann sich selbst beobachten, kritisieren, verurteilen, hassen und bestrafen. Wertvolle Einsichten in die kritisierende Instanz des Über-Ichs gewann Freud aus der übersteigerten Selbstbeobachtung im ›*Beobachtungswahn*‹ des Paranoikers und den Selbstvorwürfen des Melancholikers. In der melancholischen Erkrankung zeigt sich das Über-Ich besonders grausam und unerbittlich streng. Der Melancholiker kann einen schmerzhaften Objektverlust nicht auf dem normalen Wege der Trauer bewältigen. Aus diesem Grund wird das verlorene Objekt im Ich wieder aufgerichtet und wie ein Teil des Ichs behandelt. Die Vorwürfe, die dem verlorenen Objekt gelten, werden nun gegen das eigene Ich gerichtet. »Während der Melancholiker in gesunden Zeiten mehr oder weniger streng gegen sich sein kann, wie ein anderer, wird im melancholischen Anfall das Über-Ich überstreng, beschimpft, erniedrigt, mißhandelt das arme Ich, läßt es die schwersten Strafen erwarten, macht ihm Vorwürfe wegen längst vergangener Handlungen ...«

Die krankhaften Ichveränderungen gestatten einen Einblick in die Entstehungsgeschichte des Über-Ichs. Seinen Ursprung hat es im Einfluss der Eltern und Erzieher, die wiederum ihre eigenen Über-Ich-Forderungen an das Kind weitergeben. Seine anfängliche Gestalt wird später durch soziale, kulturelle und moralische Normen erweitert.

Nach Freud tritt das Über-Ich das Erbe des Ödipuskomplexes an. Der Verzicht des Kindes auf die Befriedigung seiner Liebes- und Feindseligkeitswünsche führt zur Errichtung des Über-Ichs. Das Kind verinnerlicht das Verbot des Vaters, indem es seine triebhafte, libidinöse Objektbindung an die Eltern aufgibt und sich an ihrer Stelle mit den beiden identifiziert. Für den Jungen kommt dem Vater eine bedeutsamere Rolle für die Über-Ich-Bildung zu. Das Über-Ich beinhaltet folgende widersprüchliche Forderung: »›So (wie der Vater) *sollst* du sein‹ (und) ›So (wie der Vater) *darfst* du *nicht* sein, das heißt nicht alles tun, was er tut; manches bleibt ihm vorbehalten.«

Dem Über-Ich kommen unterschiedliche Eigenschaften zu. Neben der Funktion des Gewissens und der Moral übt es auch die Vorbildfunktion aus. Es hat das Amt eines Richters inne; ihm obliegt die Be- und Verurteilung des Ichs, es kritisiert, tadelt, lobt und belohnt. »Das Über-

Ich ist für uns die Vertretung aller moralischen Beschränkungen, der Anwalt des Strebens nach Vervollkommnung ...«

Je besser ein Kind den ödipalen Konflikt bewältigt, desto mehr befinden sich die Forderungen des Über-Ichs und die Fähigkeit des Ichs, diesen gerecht zu werden, im Einklang. Je schlechter dem Kind die Auflösung des Konflikts gelingt, desto größer die Kluft zwischen dem strengen Über-Ich und dem geschwächten Ich. Die Spannung zwischen beiden Instanzen schlägt sich in Schuldgefühlen nieder.

6

Freud als Kulturkritiker

Im Jahr 1908 betrat Freud mit dem Aufsatz »Die ›kulturelle‹ Sexualmoral und die moderne Nervosität« das Feld der Kultur- und Religionskritik. Die Schrift bildete die erste einer Reihe, in der er sowohl einzelne kulturelle und soziale Phänomene der psychoanalytischen Deutung unterzog als auch eine Theorie der Zivilisation entwarf. Freud verwendete die Begriffe ›Kultur‹ und ›Zivilisation‹ abwechselnd, ohne sie zu unterscheiden. Unter der menschlichen Kultur verstand er »all das, worin sich das menschliche Leben über seine animalischen Bedingungen erhoben hat und worin es sich vom Leben der Tiere unterscheidet«.

Freuds Anwendung psychoanalytischer Erkenntnisse auf die Kultur enthüllte die unbewusste Dimension kollektiver Prozesse und Phänomene. Die Verallgemeinerung der klinischen Befunde veranlasste Freud zwangsläufig zum Entwurf einer Zivilisationstheorie.

Die kultur- und zivilisationstheoretischen Aufsätze beeindrucken durch Freuds Realismus, die Nüchternheit seiner Analyse, die Unbestechlichkeit seines Intellekts und seine spekulative Begabung. Die hohe schriftstellerische Qualität, die Eleganz und Leichtigkeit seiner Prosa ebenso wie der offene, freie und der Tradition europäischer Aufklärung verpflichtete Gestus seines Denkens werben darum, sich unter Anleitung der psychoanalytischen Erkenntnismethode auf den unbequemen Weg der Wahrheitsfindung zu begeben. Als wissenschaftliche Methode strebt sie danach, »die Übereinstimmung mit der Realität zu erreichen, d. h. mit dem, was außerhalb von uns, unabhängig von uns besteht und ... für die Erfüllung oder Vereitelung unserer Wünsche maßgebend ist. Diese Übereinstimmung mit der realen Außenwelt heißen wir Wahrheit.« Freuds Methodik ermutigt den Leser, Denkverbote und kollektive wie individuelle Gewissheiten hinter sich zu lassen, um einen Blick hinter die Fassaden der zahlreichen Illusionsgebäude der Kultur zu werfen und Einsichten in die unbewussten Leidenschaften des Menschen, die Folgen überzogener Kulturforderungen und die Existenz kulturfeindlicher Kräfte zu gewinnen.

In Freuds Kulturtheorie verband sich seine Vorliebe für das Prähistorische mit der Überzeugung, dass die Anwendung psychoanalytischer Kategorien auf kulturelle Phänomene sowohl der psychoanalytischen

Theorie selbst als auch benachbarten Wissenschaften neue Denkräume aufschließen wird. »Als ›Tiefenpsychologie‹, Lehre vom seelisch Unbewußten, kann sie all den Wissenschaften unentbehrlich werden, die sich mit der Entstehungsgeschichte der menschlichen Kultur und ihrer großen Institutionen wie Kunst, Religion und Gesellschaftsordnung beschäftigen.«

Für ein besseres Verständnis von Freuds Kultur- und Religionstheorie empfiehlt es sich, einen Blick auf die historischen Hintergründe und den wissenschaftlichen Kontext ihrer Entstehung zu werfen. In seinem wissenschaftlichen Mythos über den Ursprung und die Entwicklung der kulturellen Institutionen spiegeln sich die gesellschaftliche Lage und das allgemeine Erkenntnisinteresse seiner Zeit. Im Dialog mit den zeitgenössischen ethnologischen, anthropologischen, ägyptologischen und religionswissenschaftlichen Diskursen versuchte Freud, mithilfe der psychoanalytischen Deutungsfiguren zur Lösung der großen Rätsel der Menschheitsgeschichte beizutragen.

Historische Hintergründe

Die Erfindung und Begründung der Psychoanalyse gegen Ende des 19. Jahrhunderts ereignete sich vor dem Hintergrund des beginnenden Zerfalls der patriarchalisch geordneten Welt. Von der Krise und Zerrüttung der Familie war seit der ersten Hälfte des 19. Jahrhunderts die Rede. Bereits Auguste Comte (1798–1857), einer der Begründer der Soziologie, sprach von der »crise de la famille«.

Die Gründe für die pessimistische Diagnose lagen in den neuen sozialen Anforderungen, die der Prozess der Industrialisierung und der Einsatz neuer Technologien mit sich brachte. Veränderte Arbeits- und Lebenswelten, die Entstehung urbaner Zentren, demografische Verschiebungen und wissenschaftliche Entdeckungen bewirkten einen Wandel des sozialen Zusammenlebens.

Die bürgerliche Familie war aus der Teilung von Arbeits- und Lebensbereich, von öffentlicher und privater Sphäre hervorgegangen. Die Frau wurde in den häuslichen Bereich verbannt und ideell zur besseren Hälfte des Mannes aufgewertet, die Mutter-Kind-Beziehung romantisiert. Die Tyrannei der Nähe führte zu einer emotionalen Aufladung der innerfamiliären Bindungen, in deren Folge eine inzestuöse Seite ans Licht kam. Zugleich büßte die väterliche Autorität zunehmend ihre gesellschaftliche Verbindlichkeit ein, die bürgerliche Familie zeigte Risse.

Mit dem steigenden Einfluss des Bürgertums und seiner Sorge um die genetische Vererbung richtete sich das wissenschaftliche Interesse auf das Inzesttabu und die antireproduktiven perversen Formen der Sexualität. Sie werden unter sexualwissenschaftlichen, medizinischen, erbhygienischen, soziologischen, ethnologischen und anthropologischen Gesichtspunkten erforscht. In einer Zeit des sozialen Umbruchs liefern insbesondere ethnografische und anthropologische Studien reiches Material für einen interkulturellen Vergleich. Der Blick auf die fremde Kultur gilt nicht zuletzt der Frage nach dem Ursprung und der sozialen Bedeutung von Familie. Die Suche nach einem universellen kulturellen Muster war von der Hoffnung getragen, Antworten auf die Krise der familialen Institution und der sozialen Ordnung in den Gesellschaften zu Beginn des 20. Jahrhunderts zu finden.

Der Ursprung des Kultes, des Inzestverbots und der sozialen Organisation

In seiner kulturanthropologischen Schrift »Totem und Tabu. Einige Übereinstimmungen im Seelenleben der Wilden und der Neurotiker« widmete sich Freud dem Ursprung der Kultur und ihrer zentralen Einrichtungen, indem er »Gesichtspunkte und Ergebnisse der Psychoanalyse auf ungeklärte Probleme der Völkerpsychologie« anwandte. Den Zugang zu den primitiven Totemgesellschaften und der Neurose öffnete die ethnologische Kategorie des Tabus.

Das Tabu – die Bezeichnung entstammt dem Polynesischen – ist das primitive und älteste Vorbild der sittlichen und moralischen Verbote. Das Tabu kann eine Sache oder eine Person betreffen. Sie gilt dann als rein und unrein, als heilig und gefährlich. Freud deutete das Tabu als Ausdruck gegensätzlicher Triebregungen und einer ambivalenten Gefühlseinstellung, die in den klinischen Befunden der Zwangsneurose so deutlich zutage trat.

Weitere Parallelen zwischen Primitiven und Neurotikern sind im Umgang der Geschlechter und Generationen miteinander wie auch im Verhältnis zur Welt zu beobachten: im ersten Fall eine übertriebene Inzestscheu oder Inzestempfindlichkeit, im zweiten Fall die »Allmacht der Gedanken«, eine narzisstische Überschätzung des Denkens und Wünschens, die über die faktische Wirklichkeit triumphiert. Nach Freud folgten auch die primitiven Tabus dem Mechanismus der neurotischen Symptombildung. Wie bei den zwangsneurotischen Symptomen handelt es sich bei ihnen um einen Kompromiss zwischen einem Verbot und libidinösen wie aggressiven Triebwünschen.

Freud betonte zwar die gemeinsame Herkunft aus dem Triebgeschehen, unterschied sie jedoch nach ihrem sozialen Wert. Während beim Primitiven das Tabu eine soziale Form darstellt, die das Zusammenleben in den primitiven Stammesgesellschaften regelt, erweist sich das neurotische Symptom als Regression, als asozialer Rückfall in primitive Denkweisen und Ausdruck einer kulturfeindlichen Strebung.

Der Totemismus als Schlüssel zum Verständnis der Kultur

Zu Freuds Zeit war der Totemismus eine weitverbreitete, einflussreiche ethnologische und religionsgeschichtliche Kategorie, an der sich die wissenschaftliche Phantasie entzündete. Während die zeitgenössischen Untersuchungen Totemismus und Exogamie trennten oder ihr gemeinsames Auftreten für ein Produkt des Zufalls hielten, beharrte Freud darauf, dass beide Institutionen gleichen Ursprungs waren. Von den Forschern, die sich mit dem Totemismus und der Exogamie, den Heiratsregeln und verwandtschaftlichen Beziehungen befassten, übte das 1910 erschienene, umfangreiche Werk »Totemism and Exogamy« des schottischen Anthropologen und Religionswissenschaftlers James George Frazer auf Freud großen Einfluss aus. Frazer beschrieb den Totemismus als System, räumte jedoch – anders als Freud – in seiner Interpretation der Unkenntnis des Fortpflanzungsgeschehens eine zentrale Rolle ein.

Die von vielen Anthropologen geteilte Ansicht, dass es sich beim Totemismus um eine universelle kulturgeschichtliche Entwicklungsstufe und die älteste Erscheinungsform der Religion handelte, hielt einer späteren Überprüfung nicht stand. In den 60er-Jahren dekonstruierte der französische Ethnologe Claude Lévi-Strauss die Totemfaszination der Jahrhundertwende als Illusion. Weder waren alle primitiven Gesellschaften totemistisch organisiert noch waren die Funktion und Bedeutung totemistischer Phänomene homogen. Obwohl der ethnologische Wert von Freuds Lieblingsschrift heute hinfällig ist, kann seine Konstruktion vom Ursprung der Kultur und ihrer Entwicklung nach wie vor mit großem Gewinn gelesen werden.

Die beiden zentralen Tabus des Totemismus

Auch Freud betrachtete den Totemismus als »eine regelmäßige Phase aller Kulturen« und kulturgeschichtlichen Vorläufer der monotheistischen Religion. Auf der Suche nach den Motiven der Entstehung des Totemismus und der Exogamie widmete sich Freud den beiden Tabus, die sich »gegen die stärksten Gelüste der Menschen« richteten und den Verzehr des Totemtiers und die Heirat unter den Mitgliedern desselben Totems verboten.

Aus den vielen Totemvarianten wählte Freud die strengste und reinste Form aus, die er bei den Totemclans der australischen Ureinwohner gegeben sah. Ihr Totem ist in den meisten Fällen ein essbares alltägliches oder bedrohliches Tier, das als Ahnherr und Stammvater von den Mitgliedern einer Clanfamilie verehrt wird. Der Totem ist Namensgeber und gewährt den Clanmitgliedern Schutz, sofern die an ihn gebundenen Rituale und Tabus befolgt werden. Das Totemtier darf nur unter Einhaltung bestimmter Regeln anlässlich eines Festes getötet und verzehrt werden. Die Übertretung des Tabus kann für den Einzelnen tödliche Folgen haben. Der Totem stiftet die sozialen Beziehungen und Verpflichtungen der Clanmitglieder untereinander und wird in der Regel matrilinear, über die Mutter, vererbt.

Der Glaube an die Abstammung von dem Totem regelt die sittliche Ordnung der Geschlechter und Generationen. Nach Freud ist »die mit dem Totem verbundene *Exogamie*«, die den Söhnen sexuelle Beziehungen nicht allein mit Mutter und Schwester, sondern mit allen Frauen ihres Totemclans untersagt, das ungeahnte Link zwischen der australischen Stammeskultur und den Neurotikern der patriarchalen Gesellschaft. Im Unterschied zum Inzestverbot stiftet das Totem allerdings ein System verwandtschaftlicher Bindungen, das wesentlich umfangreicher ist als das der bürgerlichen Familie.

Eben jene Ausdehnung des Tabus auf sexuelle Beziehungen mit allen Frauen der Sippe, das Ausmaß der Strafe bei Tabuverletzungen und der von manchen Stämmen praktizierte rituelle Inzest sowie die Aufhebung des Verbots geschlechtlicher Beziehungen unter Totemverwandten an periodisch wiederkehrenden orgiastischen Festen waren für Freud der Beweis, dass »diese Wilden einen ungewohnt hohen Grad von Inzestscheu oder Inzestempfindlichkeit (zeigen), verbunden mit der von uns nicht gut verstandenen Eigentümlichkeit, daß sie die reale Blutsverwandtschaft durch die Totemverwandtschaft ersetzen«. Die Vermeidungsvorschriften zwischen den inzestscheuen Totemverwandten sind daher zahlreich.

Das interessanteste Beispiel betrifft das Verhältnis zwischen Schwiegermutter und Schwiegersohn. So müssen auf den Salomon-Inseln beide nach der Hochzeit von Schwiegersohn und Tochter jeden Kontakt meiden. Es ist ihnen weder erlaubt, miteinander zu sprechen noch sich zu sehen. Reste dieser ambivalenten, heiklen Beziehung finden sich noch in den zivilisierten Gesellschaften. Freud zufolge erinnerte die Schwiegermutter den Ehemann an die inzestuöse Verliebtheit in die eigene Mutter, das Vorbild seiner Liebeswahl. »Ein besonderer Zusatz von Reizbarkeit und Gehässigkeit zur Gefühlsmischung läßt uns vermuten, daß die Schwiegermutter tatsächlich eine Inzestversuchung für den Schwiegersohn darstellt ...«

Die übertriebene Inzestempfindlichkeit des Neurotikers

Die totemistische Konstruktion von Verwandtschaft zeitigt in verblüffender Weise denselben Effekt wie die bürgerliche Familie als biologische, blutsverwandte Abstammungseinheit von einem gemeinsamen Vater zu Beginn des 20. Jahrhunderts. Wilde und Neurotiker beeindruckten durch ihre übertriebene Inzestempfindlichkeit. Die Analyse seiner Patienten führte Freud zu den ödipalen inzestuösen Wünschen, in deren Bann die Neurotiker stehen. Wie schon in den sexualtheoretischen Schriften betonte Freud in »Totem und Tabu« wiederholt »die Bedeutung des Inzests für die Neurose« und »das vom Inzestverlangen beherrschte Verhältnis« des Neurotikers zu seinen Eltern.

»Die Psychoanalyse hat uns gelehrt, daß die erste sexuelle Objektwahl des Knaben eine inzestuöse ist, den verpönten Objekten, Mutter und Schwester, gilt, und hat uns auch die Wege kennen gelehrt, auf denen sich der Heranwachsende von der Anziehung des Inzests frei macht. Der Neurotiker ... hat es entweder nicht vermocht, sich von den kindlichen Verhältnissen der Psychosexualität zu befreien, oder er ist zu ihnen zurückgekehrt. ... Die Aufdeckung dieser Bedeutung des Inzests für die Neurose stößt natürlich auf den allgemeinsten Unglauben ... Wir sind genötigt zu glauben, daß solche Ablehnung vor allem ein Produkt der tiefen Abneigung des Menschen gegen seine einstigen, seither der Verdrängung verfallenen Inzestwünsche ist.« Die Inzestempfindlichkeit des Psychoneurotikers und des Wilden warf nach Freud ein Licht auf die Entstehung der Kultur.

Das Tabu als Ausdruck einer Gefühlsambivalenz

Das Verhältnis des Primitiven und des Neurotikers zu seiner natürlichen und sozialen Umgebung wird durch eine Reihe von Tabus geregelt. Es ist im hohen Maße ambivalent. Während in primitiven Gesellschaften Tabus das Zusammenleben organisieren, unterwirft der Psychoneurotiker sich selbst geschaffenen Tabus, die keinen sozialen Zweck erfüllen.

Anders als bei einem religiösen Verbot sind Herkunft und Macht des Tabus unbekannt und rätselhaft. Tabuverletzungen werden in der Regel von der Gruppe bestraft oder ›rächen sich selbst‹. Besonders anschaulich wird dies am Beispiel eines Clanmitglieds, das ein Tabu unwissentlich übertreten, beispielsweise eine verbotene Speise verzehrt hatte, und tatsächlich in Erwartung der Strafe daran starb.

Das Tabu ist entweder an einen bestimmten Status wie den eines Königs, Priesters oder Jugendlichen oder an bestimmte Situationen wie die Menstruation gebunden. Es verleiht einer Sache oder einer Person zwei entgegengesetzte Qualitäten: etwas oder jemand erscheint als respektabel, also begehrenswert, sodass man das- oder denjenigen in irgendeiner Weise besitzen möchte. Das Tabu stellt daher im Kern ein Berührungsverbot dar: »Die Berührung ist der Beginn jeder Bemächtigung, jedes Versuches, sich eine Person oder Sache dienstbar zu machen.« Aufgrund des aggressiven Bemächtigungswunsches erscheint das Tabuierte als gefährlich. Das Verbot betrifft ebenso die sinnlich-taktile wie die gedankliche Berührung, die für die ›großartige Verschiebbarkeit‹, die ›Ansteckungsfähigkeit‹ und ›Übertragbarkeit‹ der Tabus und Zwangsverbote verantwortlich ist. Berührt jemand beispielsweise eine tabuierte Sache oder Person, wird er selbst tabu. Die bei Wilden wie Zwangsneurotikern gleichermaßen ausgeprägte Berührungsscheu oder -angst verrät das Ausmaß der zugrunde liegenden verdrängten Berührungslust und des Bemächtigungswunsches.

Das Verbotene weckt den Wunsch, das Tabu zu übertreten. Das Dilemma wird bei beiden entweder durch einen Verzicht auf die tabuierte Sache oder Person oder im Falle eines Tabubruchs durch anschließende Sühnezeremonien gelöst: »Wenn die Übertretung eines Tabu gutgemacht werden kann durch eine Sühne oder Buße, die ja einen *Verzicht* auf irgendein Gut oder eine Freiheit bedeuten, so ist hiedurch der Beweis erbracht, daß die Befolgung der Tabuvorschrift selbst ein Verzicht war auf etwas, was man gern gewünscht hätte. Die Unterlassung des einen Verzichts wird durch einen Verzicht an anderer Stelle abgelöst.«

Ebenso erklärungsbedürftig wie das Inzesttabu erschien Freud das Tabu der Toten. Das Verhalten der Primitiven gegenüber den Toten ist widersprüchlich. In die Trauer um sie mischt sich die Angst vor ihrer Rache. Wie Freud bemerkte, wurden durch den Tod des anderen aggressive Tendenzen befriedigt. In jeder sozialen Beziehung existieren feindselige Aspekte und aggressive Wünsche, die im Dienste des Zusammenlebens unterdrückt werden. Die Genugtuung des Primitiven über den Tod des anderen wird verdrängt. An ihrer Stelle taucht eine Reaktionsbildung auf, die Angst vor Bestrafung beziehungsweise vor der Rache des Toten. Im Unterschied zum Primitiven verraten sich bei Neurotikern die ambivalenten Gefühle in hartnäckigen, schweren Selbstvorwürfen mit dem Inhalt, am Tod des geliebten Menschen mitschuldig zu sein. Die Selbstvorwürfe sind eine Folge der widersprüchlichen Gefühle aus Liebe und Hass gegenüber dem Toten.

Die Allmacht der Gedanken

Freud wandte sein evolutionistisches Modell, das im Primitiven das Kind der Menschheitsgeschichte erkannte, auf die verschiedenen Weltauffassungen und Denksysteme an. In primitiven Gesellschaften herrscht eine animistische oder mythologische Weltanschauung, die entwicklungspsychologisch der religiösen Weltanschauung und der wissenschaftlichen Welterklärung vorausgeht. Sowohl bei der animistischen als auch der religiösen Weltdeutung handelt es sich um ein geschlossenes System, das eine lückenlose Erklärung für alle Phänomene und Probleme bietet. Während das mythologische und das religiöse System unter der Herrschaft des Wunschdenkens stehen, hat sich das wissenschaftliche Denken davon befreit und räumt der realen Außenwelt das Primat ein.

Die dritte seelische Übereinstimmung zwischen dem Wilden und dem Neurotiker beschrieb Freud anhand des Begriffs ›Narzißmus‹. In der klinischen Behandlung der Zwangsneurose hatte Freud eine infantile Form des Denkens beobachtet, der ein Allmachtsgefühl zugrunde lag. Unter der ›Allmacht der Gedanken‹ ist die magische Überschätzung der Kraft des Wünschens und Denkens zu verstehen. Nach Freud gehört sie dem frühkindlichen narzisstischen Stadium an, in dem das Kind sich selbst genügt. In dieser Phase projiziert das Kind seine Phantasien und Vorstellungen in die Außenwelt und begreift alle äußeren Vorgänge nach dem Vorbild seiner Innenwelt. Entsprechend ist die Umwelt des Primitiven eine Spiegelung seiner inneren Welt, seine projektive Auseinandersetzung mit der Natur Ausdruck des infantilen Denkens. Animistische Denkweisen prägen den Wahn des Psychotikers ebenso wie den Aberglauben der Neurotiker. Die animistische Weltanschauung verkörpert eine Vorstufe der Religion.

Der Totemismus als archaische Form des Ödipuskomplexes

Die klinische Beobachtung der Tierphobien von Kindern veranlassten Freud dazu, die Reichweite des Ödipuskomplexes auf die Kultur auszudehnen und ihn als anthropologische Konstante zu verankern. Nach Freud war Kindern und Primitiven ein ähnliches Verhältnis zum Tier eigen. Die Grenze zum Animalischen ist noch durchlässig, sodass ein Tier eine Person symbolisch vertreten und ersetzen kann. Einen »einzigen Lichtstrahl« in den ›dunklen‹ Ursprung des Totemismus, die Einsetzung des Mord- und Inzestverbots, gewährte die Tierphobie bei Kindern – die Urform der Neurose.

Unter den fünf großen Fallstudien Freuds befindet sich die Kindheitsneurose des kleinen Hans. Das Kind leidet unter einer Pferdephobie. Sie ist die Folge eines Konflikts zwischen seinen infantilen Sexualinteressen und dem Verbot derselben durch den Vater. Die Angst vor Pferden ist der ›totemistische‹ Ausdruck seiner beiden »Urwünsche«: dem Wunsch nach der Beseitigung des Vaters und dem inzestuösen Liebeswunsch gegenüber seiner Mutter. Die Kastrationsdrohung des Vaters – das Verbot der Masturbation und der damit verbundenen inzestuösen Phantasien – ruft bei dem Knaben aggressive Wünsche wach. Die feindseligen Triebregungen, insbesondere der Todeswunsch gegen den Vater, wie auch die Angst vor Vergeltung und Strafe werden auf das Pferd verschoben. Anstelle des Vaters soll das Pferd tot umfallen. Da der Knabe auch zärtliche Gefühle für den Vater empfindet, hat die Verschiebung einerseits eine seelisch entlastende Wirkung, andererseits ist der Ambivalenzkonflikt damit nicht gelöst. In Momenten geringerer Angst setzt sich die auf Bewunderung und Hass beruhende Identifizierung mit dem Vater durch, sodass Hans sich einerseits wie das bewunderte Pferd gebärdet, andererseits in der Rolle des bösen, kastrierenden Pferdes zuweilen seinen Vater attackiert. In diesem Verhalten treten zwei Züge des Totemismus erkennbar zutage: die Identifizierung mit dem Totemtier und die ambivalente Gefühlseinstellung.

»Im Anfang war die Tat«

Die von Freud angestellten neurosen- und kulturtheoretischen Überlegungen mündeten in den psychoanalytischen Gründungsmythos von der Entstehung der kulturellen Institutionen aus der Urhorde und dem von ihr verübten Mord am Urvater. Die psychologische Begründung von Totemismus und Exogamie entfaltete Freud mithilfe von Charles Darwins Spekulation über die prähistorische Urform der Familie und mithilfe der Opfertheorie des Altertumsforschers Robertson Smith.

Freuds wissenschaftlicher Mythos von der Urhorde

Was ereignet sich am Anfang von Kultur und Geschichte? Ein tyrannischer Urvater beherrscht seine Söhne und verbietet ihnen den sexuellen Verkehr mit ihren Müttern und Schwestern. Unter dem Eindruck großer sexueller Frustration beschließt die Urhorde, das eifersüchtige und stärkste Männchen der Gruppe zu töten. Nach dem befreienden Schlag entsteht ein Vakuum, das der Ermordete hinterlässt. Die Phase der Genugtuung über die agierten und befriedigten Hassgefühle weicht allmählich dem Gefühl der Reue. Denn der Getötete war nicht nur Gegenstand des Hasses, sondern ebenso der Bewunderung; er hat seine Horde nicht nur tyrannisiert, sondern ihr auch Schutz geboten. Der Umschlag ihres Triumphs in Reue bringt die Brüder schließlich um den Gewinn ihrer Tat. Ihr Schuldbewusstsein veranlasst sie, das Verbot nachträglich zu erfüllen: »Der Tote wurde nun stärker, als der Lebende gewesen war; all dies, wie wir es noch heute an Menschenschicksalen sehen. ... Sie widerriefen ihre Tat, indem sie die Tötung des Vaterersatzes, des Totem, für unerlaubt erklärten, und verzichteten auf deren Früchte, indem sie sich die freigewordenen Frauen versagten. So schufen sie aus dem *Schuldbewußtsein des Sohnes* die beiden fundamentalen Tabu des Totemismus, die eben darum mit den beiden verdrängten Wünschen des Ödipuskomplexes übereinstimmen mußten.«

Das Schuldgefühl als treibende Kraft der Kultur

Dieser Mord – nach Freud ein reales urgeschichtliches Ereignis – setzte jene Schulddynamik frei, die kulturell so produktiv geworden ist. An die Stelle des Ermordeten rückt das Totem. Es stiftet die erste symbolische

Ordnung. Zu bestimmten festlichen Gelegenheiten wird das Urverbrechen reinszeniert, das Totemtier, Ersatz und Symbol des ermordeten Vaters, stellvertretend geschlachtet. Die anschließende Totemmahlzeit verkörpert die Einsetzung des Opfers und des kultischen Festes, bei dem die Tat an einem tierischen Stellvertreter symbolisch wiederholt und zugleich bereut wird. In der kultischen Veranstaltung erneuern die Söhne qua Identifikation mit dem Totemtier ihre Herkunft und Bindung an den Urvater. Die Einsetzung des Opfers und des Kultes verwandelt die rebellischen Söhne in eine solidarische Brüdergemeinschaft. Aus den willkürlichen Verboten des Urvaters gehen die symbolischen Gebote und sozialen Verpflichtungen des totemistischen Brüderclans hervor. Überhaupt kann von Urvater, Sohn, Liebe, Reue und Sehnsucht erst nachträglich, also nach dem Mord und der Erfahrung des Verlusts, gesprochen werden.

Der Begriff ›nachträglich‹ oder der ›Nachträglichkeit‹ spielte in Freuds Theorie und Kulturtheorie eine eminent wichtige Rolle, obwohl er ihn nirgendwo definierte oder systematisch ausarbeitete. Demzufolge entbehrt das Erleben eines traumatischen Ereignisses im Augenblick des Geschehens der Bedeutung. Erst nachträglich erhält das Erlebte unter dem Einfluss neuer Erlebnisse und Ereignisse seinen Sinn. Erst nachträglich gelangt die ambivalente Einstellung gegenüber dem Vater zur Geltung, wenn sich die Gefühle der Schutzlosigkeit und Reue einstellen.

Ihre Gefühlsambivalenz verdirbt den Söhnen den nach der Tat angestrebten, freien Zugang zu den begehrten Objekten. Ihre ursprünglichen sexuellen Triebwünsche, die die Tat motivierten, bleiben unerfüllt. Aus der nachträglichen Verinnerlichung des urväterlichen Anspruchs und der Hemmung der intensiven sexuellen Wünsche geht die Inzestscheu hervor, die den exogamen Austausch mit anderen Clangemeinschaften erforderlich macht. Das soziale Band zwischen den männlichen und weiblichen Mitgliedern der primären und totemistischen Geschlechterordnung beruht auf dem Triebverzicht. Um den Preis eines Schuldgefühls emanzipieren sie sich ein Stück weit von der Herrschaft des Lustprinzips und der Übermacht der Natur durch die schützende Instanz des Totems.

Freuds Mythos über den Ursprung der kulturellen Institutionen ist die psychoanalytische Version eines aus der Ambivalenz geborenen »schöpferischen Schuldbewußtseins«. Die Schaffung des Totems, des ersten Symbols, markiert einen Fortschritt, in den unhintergehbar eine Verlustseite eingeschrieben ist. Das Schuldbewusstsein der Söhne kann niemals getilgt, sondern, wie die jüdische und christliche Ausprägung des Monotheismus zeigt, lediglich transformiert werden. Die Frühform patriarchaler Herrschaft wird auf dem Boden einer vaterlosen Gesellschaft errichtet. So geht paradoxerweise aus dem Urverbrechen die Kultureignung der Söhne hervor, die sie mit einer unstillbaren Vatersehnsucht bezahlen.

Cherchez la femme – die Rolle der Frauen in Freuds Theorie vom Ursprung der Kultur

Wo aber finden sich die Frauen in Freuds melancholischer Rekonstruktion der Kulturentstehung, die zugleich eine Deutung der Moderne und der brüchig werdenden väterlichen Autorität darstellt? Als die passiven Objekte der männlichen Begierde spielen sie eine prominente Rolle, eine marginale als Subjekte eines weiblichen Begehrens. Von einer aktiven Beteiligung und einem libidinösen Interesse der Mütter und Schwestern an der Ermordung des Urvaters wollte Freud nichts wissen, obwohl die anstiftende Rolle von Frauen aus der Mythologie hinreichend überliefert ist. In den Nachträgen zur »Massenpsychologie und Ich-Analyse« ging Freud sogar so weit, die Idee einer aktiv anstiftenden Rolle der Frauen als »lügenhafte Umdichtung der Urzeit« zu bezeichnen.

Die Entstehung patriarchaler Strukturen ist allein mit der Frau als passivem Sexualobjekt und den Söhnen als aggressiven Tätern denkbar. Die Gefühlsambivalenz und die damit korrespondierenden destruktiven Impulse sind für die Urvater-Söhne-Relation reserviert. Die patriarchale Kultur verfügt über die Frauen, sie sind vom Inzestverbot betroffen und von nun an das Objekt der Reziprozität, des Tausches zwischen den brüderlichen Gemeinschaften, ohne an deren symbolischer Gestaltung teilzuhaben. Zwar sind Totemismus und Exogamie nach Freud gleichursprünglich, doch hinsichtlich ihrer emotionalen Bedeutung unterscheiden sie sich grundlegend. Die aus männlicher Eifersucht und Konkurrenz hervorgegangene totemistische soziokulturelle Organisation ist ein Produkt der Gefühle von Hass, Liebe, Reue und Sehnsucht, während Freud das Inzesttabu auf »eine starke praktische Begründung« zurückführte. Denn das sexuelle Bedürfnis einigte die Männer nicht, sondern entzweite sie.

Während Freud in »Totem und Tabu« den Urvatermord als einmaliges Ereignis interpretierte, nahm er in »Massenpsychologie und Ichanalyse« (1921) wie auch im »Mann Moses und die monotheistische Religion« (1939) eine Phase an, in der sich die Herrschaft eines starken Männchens und einer unterlegenen Brüderhorde mehrfach wiederholt. Erst nach vielen Wiederholungen tragen die Vernunft und ein neues soziales Modell den Sieg davon. Der biologischen Fortpflanzung, der Erhaltung der Gemeinschaft, schien nach Freud keine symbolische Bedeutung zuzukommen; der Fortbestand der Totemgesellschaft ruht allein auf dem Kult, der die Erinnerung an den Urvater bewahrt.

1921 nahm Freud die massenpsychologische Disposition der Söhne erneut auf und ging dieses Mal von einer passiv-masochistischen Unterwerfung unter den narzisstischen Urvater aufgrund von homosexuellen Triebbedürfnissen aus. In dieser Version sind die Liebe zum Vater und die Bewunderung seiner Macht stärker als die sexuelle Bindung an die Mütter und Schwestern. Das Verbot des Urvaters treibt die Söhne zunächst in eine homosexuelle Disposition: in zärtliche Gefühlsbindungen sowohl untereinander als auch gegenüber dem Vater. In der früheren Version wird der Urvater aufgrund der ambivalenten Einstellung erhöht. Nun ergänzt Freud das Moment der »Schuld gegenüber dem Anfang«. Der Vater ist derjenige, der die Söhne gezeugt hat und ihnen vorausgeht.

Die Konstruktion des Totemismus ist Freuds erste Religionstheorie, die er im »Mann Moses und die monotheistische Religion« weiter ausführte.

Konkurrierende Theorien über den Ursprung des Inzesttabus

In der anthropologischen Diskussion um den Ursprung des Inzesttabus stimmten die verschiedenen Theorien darin überein, dass ihm die zentrale kulturstiftende Funktion zukommt. Diese These ließ jedoch die Frage unbeantwortet, ob der Abscheu gegenüber inzestuösen Beziehungen kulturell erworben oder aber biologisch fundiert, also angeboren ist.

So ging der finnische Anthropologe Edvard Westermarck (1862–1939) von einem angeborenen Widerwillen gegen intime sexuelle Beziehungen zwischen Personen aus, die der großen Nähe und Vertrautheit des Zusammenlebens seit Kindheitstagen entspringen. Frazer zog dies in Zweifel. Die Existenz eines Verbots ließ eben nicht auf eine natürliche Abneigung schließen, sondern schien ganz im Gegenteil auf eine natürliche Neigung zum Inzest hinzuweisen, die einer gesetzlichen Einschränkung bedarf, um der Gesellschaft nicht zu schaden. Frazers Erklärung reichte nahe an die psychoanalytische heran, es blieb jedoch Freud vorbehalten, den intensiven Wunsch hinter der großen Inzestscheu der Wilden wie der Neurotiker aufzudecken. Ausgehend von der Beobachtung, dass »die Inzestscheu ... so übermächtig angewachsen ist«, analysierte Freud die Entstehung, das Wesen und die Funktion des Tabus und legte damit das inzestuöse Fundament der patriarchalen Kultur und der familialen Ordnung offen.

Die Kultur und das Problem der Aggression

Im Mittelpunkt von Freuds kultur- und zivilisationstheoretischen Schriften steht das Individuum als ebenso kulturbegabtes wie krankes Tier. Einerseits besitzt es die Fähigkeit zu symbolisieren und zu sublimieren, der wir die höchsten kulturellen Leistungen verdanken. Andererseits ist es ein bedürftiges, von sexuellen wie aggressiven Triebwünschen und Ängsten bestimmtes Wesen, dem die Kultur eine Reihe schädigender Einschränkungen und Versagungen auferlegt.

In seinen Diagnosen zivilisationsgeschichtlicher Prozesse und zeitgenössischer gesellschaftlicher und kultureller Entwicklungen betonte Freud stets den Druck, den die Kultur auf jeden Einzelnen ausübt, die Triebverzichte, die sie ihm abverlangt, den Preis, den sie fordert. Mit dem Verweis auf ein pathogen und kulturfeindlich wirkendes Missverhältnis zwischen der seelischen Verfassung des Einzelnen und den allgemeinen kulturellen Ansprüchen widersprach Freud der weitverbreiteten Euphorie und der fortschrittsoptimistischen Annahme, dass die Kultur ein kontinuierlicher »Weg zur Vollkommenheit« sei.

Vor dem Hintergrund der gesellschaftlichen und kulturellen Lage, die im Bann der Globalisierung unzählige neue kulturelle Über-Ich-Forderungen und damit noch unbekannte Schicksale des Verdrängten erzeugt, gewinnt Freuds Darstellung der negativen Seite des Zivilisationsprozesses erneut an Aktualität. Die gegenwärtige Entwicklung ist von dem Wunsch nach einer ungehemmten Vitalität und Funktionslust beherrscht, die alle Fesseln und Bedingtheiten hinter sich lässt. Jede Form des Leidens, ob seelisch oder physisch, ist ihr verdächtig, da sie einem enthemmten Ablauf widerspricht.

Worin liegt die Schwierigkeit begründet, die kulturellen Formen auf die seelische Verfassung und die individuellen Bedürfnisse der Kulturteilnehmer abzustimmen? Warum ist eine Kultur nicht in der Lage, intelligente Modelle zu entwickeln, deren Auswirkungen weniger pathologisierend und krankmachend sind? Welche Kräfte sind an der Entstehung, der Entwicklung, der Erhaltung oder der Zerstörung einer Kultur beteiligt? Ist eine Kultur ohne Unbehagen überhaupt denkbar?

Woran misst sich die Qualität einer Kultur?

Nach Freud ist eine Kultur ohne Unbehagen nicht vorstellbar. Das Individuum ist grundsätzlich zwischen seinen drängenden Triebansprüchen und den kulturellen Anforderungen gefangen. Die Qualität einer Kultur und ihrer sozialen Institutionen misst sich daher daran, inwieweit es ihr gelingt, die Mehrzahl ihrer Teilnehmer mit den Forderungen der Kulturarbeit zu versöhnen. Damit aus Kulturfeinden Kulturträger werden, muss eine Kultur ihre Teilnehmer für die ihnen abgenötigten Triebverzichte entschädigen. Eine Aufgabe, die häufig misslingt oder mehr als unzureichend erfüllt wird. In diesem Konflikt hat das Individuum zwei Möglichkeiten, die natürlich niemals rein, sondern graduell abgestuft und gemischt auftreten: Das Individuum kann die geforderten Triebverzichte auf sich nehmen, oder es kann die Triebbefriedigungen um den Preis der Realitätsflucht einlösen. Der Weg der Wirklichkeitsvermeidung widerspricht dem leidenschaftlichen Anspruch der Psychoanalyse, die Lebenstatsachen anzuerkennen.

Überhöhte Ansprüche und ihre Folgen

Schon in seinem Aufsatz zur ›kulturellen‹ Sexualmoral aus dem Jahr 1908 erwähnte Freud im Zusammenhang mit der zunehmenden Verstädterung ein modernes Beispiel von Unbehagen und Unzufriedenheit: die in diesen Jahrzehnten so häufig anzutreffende Neurasthenie oder ›moderne Nervosität‹ als Folge überhöhter Ansprüche. Er bemerkte, dass »der Arzt häufig genug durch die Beobachtung nachdenklich gemacht (wird), daß gerade die Nachkommen solcher Väter der Nervosität verfallen, die, aus einfachen und gesunden ländlichen Verhältnissen stammend, Abkömmlinge roher aber kräftiger Familien, als Eroberer in die Großstadt kommen und ihre Kinder in einem kurzen Zeitraum auf ein kulturell hohes Niveau sich erheben lassen«. Da Freud in dieser Phase der Theoriebildung den Akzent auf die sexuellen Triebbedürfnisse legte, führte er die typischen ›modernen‹ Erkrankungen auf das Zusammenwirken der überzogenen Ansprüche und der Glückseinbußen durch die Sexualverbote zurück.

Eine heuchlerische Erziehung

Um die Kultureignung des Einzelnen ist es nicht so gut bestellt, wie das kulturelle Über-Ich und seine idealen Ziele nahelegen. Sie gehorchen dem

Wunschdenken, dass der Einzelne nach Maßgabe der Ideale beliebig zu formen und zu vervollkommnen sei. Sie leugnen die seelischen Bedingtheiten, verweigern den unbewussten Konflikten die Anerkennung, überfordern das Individuum und bringen nicht nur Segen, sondern erhöhen vielmehr seine Neigung zu Regression und Neurose. Freud übte heftige Kritik an der heuchlerischen Erziehung, die es versäumte, den jungen Menschen auf die Bedeutung der Sexualität hinzuweisen und ihn auf die Aggressionen vorzubereiten, »deren Objekt er zu werden bestimmt ist. Indem sie die Jugend mit so unrichtiger psychologischer Orientierung ins Leben entläßt, benimmt sich die Erziehung nicht anders, als wenn man Leute, die auf eine Polarexpedition gehen, mit Sommerkleidern und Karten der oberitalischen Seen ausrüsten würde. Dabei wird ein gewisser Mißbrauch der ethischen Forderungen deutlich. Die Strenge derselben würde nicht viel schaden, wenn die Erziehung sagte: ›So sollten die Menschen sein, um glücklich zu werden und andere glücklich zu machen; ...‹ Anstatt dessen läßt man den Jugendlichen glauben, daß alle anderen die ethischen Vorschriften erfüllen, also tugendhaft sind.«

Das ›ozeanische Gefühl‹

Freud eröffnete seine Arbeit über »Das Unbehagen in der Kultur« aus dem Jahr 1930, in der er die zerstörerische Seite der Kultur behandelte, mit einem Hinweis des Dichters Romain Rolland. Dieser antwortete auf die Abhandlung über »Die Zukunft einer Illusion« (1927), in der Freud die Religion, insbesondere die christliche mit ihren mystischen Elementen, als eine illusionäre Bildung mit kulturschädigendem Einfluss kritisierte. Rolland hielt Freuds Auffassung das mystische Erlebnis eines entgrenzten ›ozeanischen Gefühls‹ als die eigentliche und tiefste Quelle religiöser Erfahrung und Energie entgegen.

Freud zeigte sich gegenüber Rollands Einwand skeptisch und zerpflückte das ›ozeanische‹ Ichgefühl einerseits mit Blick auf den bekanntesten Entgrenzungszustand: das Gefühl des Einseins im Zustand der Verliebtheit, in dem die Grenze zwischen Ich und anderem verschwimmt. Andererseits verwies er auf pathologische Phänomene und Zustände, denen eine Störung des Ichgefühls zugrunde liegt, sodass die Grenze zwischen innen und außen, Ich und Außenwelt, in sich zusammenfällt oder »die Grenzen wirklich unrichtig gezogen werden«.

Ihr Vorbild haben derlei Zustände in den frühen kindlichen Erfahrungen, in denen die Unterscheidung zwischen Ich und Außenwelt noch nicht vollständig ausgebildet ist. Das frühkindliche Ich steht unter der Herrschaft des Lustprinzips. Es ist ein ›reines Lust-Ich‹, das den ›Lustcharakter‹ über alles stellt, alles Lustvolle verinnerlicht und alles Unlustvolle abwehrt. Erst unter dem Druck des Realitätsprinzips ist es im weiteren Verlauf gezwungen, innen und außen zu unterscheiden: »Ursprünglich enthält das Ich alles, später scheidet es eine Außenwelt von sich ab. Unser heutiges Ichgefühl ist also nur ein eingeschrumpfter Rest eines weit umfassenderen, ja – eines allumfassenden Gefühls ... wir (dürfen) annehmen, daß dieses primäre Ichgefühl sich im Seelenleben vieler Menschen – in größerem oder geringerem Ausmaße – erhalten hat ...«

Freud führte das ›ozeanische Gefühl‹ auf ein primäres Ichgefühl zurück und widmete sich anschließend einem archäologischen Vergleich mit dem antiken Rom. Das Beispiel einer verschütteten Stadt diente ihm dazu, die Unzerstörbarkeit seelischer Bildungen anschaulich zu machen: »... daß im Seelenleben nichts, was einmal gebildet wurde, untergehen kann, daß alles irgendwie erhalten bleibt und unter geeigneten Umständen, z.B. durch eine so weit reichende Regression wieder zum Vorschein gebracht werden kann.«

Zwar lässt sich das grenzenlose ›ozeanische Gefühl‹ als primitives Ichgefühl auf diese Weise retten, doch ist es deshalb schon religiös? Freud verneinte dies. Der Charakter des Religiösen wurde ihm nachträglich zugeschrieben. Unbeeindruckt hielt Freud daher an seiner Ableitung der Religion aus der infantilen Hilflosigkeit des Menschen fest, die in der Gottesvorstellung dem Bedürfnis nach väterlichem Schutz einen symbolischen Ausdruck verschafft.

Die Herrschaft des Lustprinzips und die Zumutung des Leidens

Freuds Religionskritik bezog sich in erster Linie auf die infantilen und wirklichkeitsfremden Anteile der religiösen Verheißungen, in denen er eine Form der Tröstung und Anleitung zur Realitätsflucht, nicht aber eine realitätsnahe Bewältigung der Lebensaufgaben sah: »Das Leben, wie es uns auferlegt ist, ist zu schwer für uns, es bringt uns zuviel Schmerzen, Enttäuschungen, unlösbare Aufgaben. Um es zu ertragen, können wir Linderungsmittel nicht entbehren.«

Im Alltagsverständnis der Menschen spielt das Glück daher die Hauptrolle und wird als der eigentliche Zweck des Lebens betrachtet. Ziel der Menschen ist sowohl die ›Abwesenheit von Schmerz und Unlust‹

als auch die Suche nach starken Lustgewinnen. Wie Freud anmerkte, können wir »(a)uf keinem dieser Wege ... alles, was wir begehren, erreichen. Das Glück in jenem ermäßigten Sinn, in dem es als möglich erkannt wird, ist ein Problem der individuellen Libidoökonomie. Es gibt hier keinen Rat, der für alle taugt; ein jeder muß selber versuchen, auf welche besondere Fasson er selig werden kann.«

Eine unhintergehbare Quelle des Leidens sind die Bedingtheiten des menschlichen Daseins. Es sind die Grenzen, die dem Menschen mit Geburt und Tod im Verhältnis zu seiner Umwelt: den gesellschaftlichen Institutionen und den Abhängigkeiten von der Natur, gesetzt sind. Realitätsflucht ist daher die häufigste Reaktion auf die ›Not des Lebens‹. Die Vermeidungsmöglichkeiten und regressiven Fluchtwege sind vielfältig: die Flucht in Rauschmittel und manische Zustände, in religiöse Tröstungen, in romantische Illusionen vom Liebesglück, in asketische Weltentsagung, in selbstschädigende seelische Erkrankungen wie Neurose, Perversion oder Psychose oder in die Zerstörung der Kultur selbst. Freud nannte auch gelungene Beispiele: Kunst und Wissenschaft stellen die kulturell wertvollsten Techniken der Leidvermeidung und Lustgewinnung dar.

Die begrenzte Fähigkeit zum Glück

Wie ist ein ›glückliches‹ Leben unter dem Druck der Belastungen, wie sie die Zivilisation seit jeher den Menschen aufbürdet, erreichbar? Für dieses Problem scheint es bislang keine befriedigende Lösung zu geben.

Obwohl die Mehrzahl der Kulturteilnehmer unter der ›Herrschaft des Lustprinzips‹ stets auf der Suche nach Glück ist, steht diese im Widerspruch zur begrenzten Glücksfähigkeit des Menschen. Das Missverhältnis liegt nur zum Teil an den äußeren Bedingungen, die das Individuum vorfindet: »... d(er) Übermacht der Natur, d(er) Hinfälligkeit unseres eigenen Körpers und d(er) Unzulänglichkeit der Einrichtungen, welche die Beziehungen der Menschen zueinander in Familie, Staat und Gesellschaft regeln.« Die Grenzen, die uns durch die Natur gesetzt sind, geben die Richtung für die Kulturentwicklung vor und sind primär auf den Schutz der menschlichen Existenz ausgerichtet. Ihre glückmindernde Rolle ist begrenzt.

Das Haupthindernis stellen die sozialen Einrichtungen dar, die einem großen Teil der libidinösen Wünsche das Anrecht auf direkte Befriedigung verweigern. Die geforderte Unterdrückung sexueller und aggressiver Triebe macht der Mehrheit das Leben zu schwer und provoziert ihre Feindschaft gegenüber der Kultur. Der Grund für die begrenzte Glücksfähigkeit liegt demnach in der Kultur selbst. Trotz der kulturellen Anstrengungen und Fortschritte, trotz der naturwissenschaftlichen und technischen Errungenschaften scheinen sich die daran geknüpften Hoffnungen auf Glück nicht erfüllen zu wollen. »Der Mensch ist sozusagen eine Art Prothesengott geworden, recht großartig, wenn er alle seine Hilfsorgane anlegt, aber sie sind nicht mit ihm verwachsen und machen ihm gelegentlich noch viel zu schaffen.«

Familie und Kultur

Der entwicklungsgeschichtlich folgenreichste Wandel von einem zyklischen Auftreten der Sexualität in ein konstantes, dauerhaftes Sexualbedürfnis veränderte das Verhalten gegenüber dem Sexualobjekt und bereitete die Institution der Familie vor. Die genital-geschlechtliche Liebe vereinigt die sinnlichen mit den zärtlichen Strebungen, die Sexualität mit der Liebe. Sie zählt zu den vielversprechendsten und verheißungsvollsten Einrichtungen der Kultur. Die ihr innewohnenden intensiven Befriedigungsmöglichkeiten sind ein Vorbild für das Glück ganz allgemein. Die sinnlich-sexuellen Lustgewinn einschließenden Liebesbeziehungen haben jedoch einen Pferdefuß: Die intensive, dauerhafte Bindung an ein Liebesobjekt ist von der Zustimmung und Gegenliebe des anderen abhängig. Derlei Abhängigkeit enthält eine Reihe von Unwägbarkeiten, sodass die geschlechtlichen Liebesbeziehungen in vielen Fällen eine unerschöpfliche Leidensquelle darstellen.

Die genitale Liebe, die am Ursprung der Familie steht, befriedigt die sexuellen Bedürfnisse und fördert die zielgehemmten zärtlichen Bindungen. Sie bindet die Geschlechter, Männer und Frauen, und die Generationen, Eltern und Kinder, aneinander. Von hier aus setzt sich ihre Wirkung fort, größere Gemeinschaften zu bilden. »Die zielgehemmte Liebe war eben ursprünglich vollsinnliche Liebe und ist es im Unbewußten des Menschen noch immer. Beide, vollsinnliche und zielgehemmte Liebe, greifen über die Familie hinaus und stellen neue Bindungen an bisher Fremde her. Die genitale Liebe führt zu neuen Familienbildungen, die zielgehemmte zu ›Freundschaften‹, welche kulturell wichtig werden ...«

Spannungen zwischen Kultur und Familie

Im Verlauf der Kulturentwicklung entsteht zwischen der Liebe und der Kultur ein gespanntes Verhältnis. Der ehemals kulturbildende und -fördernde Faktor der Liebe schwächt sich ab. Die Liebe widersetzt sich der Kulturforderung nach immer größeren Einheiten und umgekehrt schränkt die Kultur die Liebe empfindlich ein. Der kulturelle Anspruch steht im Gegensatz zu den privaten Interessen der Familie und ihrer Tendenz, sich von der Gemeinschaft abzuschließen. Sie begünstigt das Individuum, erschwert durch die innige familiäre Bindung dem Jugendlichen die Lösung aus dem Familienverband und die Annahme seiner sozialen Rolle innerhalb der Gemeinschaft. Um dieser kulturfeindlichen Strömung entgegenzuarbeiten, hat die Kultur Techniken entwickelt, die dem Jugendlichen den Übergang in den Status des Erwachsenseins durch Initiationsrituale erleichtert.

Im Licht von Freuds Verständnis der Kultur als triebunterdrückender Macht fällt der Frau als Vertreterin der Familie und der Sexualität in dem Konflikt zwischen den privaten Interessen und den kulturellen Zielen die hemmende, kulturfeindliche Rolle zu. Die Kulturarbeit ist nach Freud primär eine männliche Errungenschaft und Leistung.

Die Schwächung der Sexualfunktion

Freuds Analyse der Entstehung und Funktion der Familie führte ihn zu den totemistischen Anfängen der Kultur zurück. Das Verbot der inzestuösen Objektwahl war nach Freuds Ansicht »die einschneidendste Verstümmelung, die das menschliche Liebesleben im Laufe der Zeiten erfahren hat«. Das Inzestverbot als Grundlage jeder sozialen Ordnung wirkt sich nachteilig auf das Sexualleben aus, indem es die gegengeschlechtliche, monogame Objektwahl vorschreibt, nicht genitale ›perverse‹ Lustbefriedigungen untersagt und den sexuellen Triebkräften im Namen von Kultur »einen großen Beitrag der psychischen Energie« entzieht. Die Folgen sind von Gewicht: »Das Sexualleben des Kulturmenschen ist doch schwer geschädigt, es macht mitunter den Eindruck einer in Rückbildung befindlichen Funktion, wie unser Gebiß und unsere Kopfhaare als Organe zu sein scheinen. Man hat wahrscheinlich ein Recht anzunehmen, daß seine Bedeutung als Quelle von Glücksempfindungen, also in der Erfüllung unseres Lebenszweckes, empfindlich nachgelassen hat. Manchmal glaubt man zu erkennen, es sei nicht allein der

Druck der Kultur, sondern etwas am Wesen der Funktion selbst versage uns die volle Befriedigung und dränge uns auf andere Wege.«

Die massiven Einschränkungen des Sexualtriebes im Interesse des Kollektivs bedeuten nicht nur eine Einbuße an Glück, sie wirken sich nachteilig auf die verfügbaren Energiebeträge des Sexualtriebes aus. Aus ihren Umwandlungen gehen die zielgehemmten Strebungen hervor, die den sozialen und kulturellen Zusammenhalt sichern. Die zielgehemmte Liebe ist das libidinöse Bindemittel der kleinen wie der großen Kollektive.

Die Bedeutung des Triebverzichts

Für die Kulturentwicklung ist die Fähigkeit zur Triebsublimierung von unschätzbarem Wert. Sie verkörpert die am wenigsten schädigende Art des Triebverzichts. Zur Kulturarbeit wird psychische Energie benötigt, die aus dem Sexualtrieb gewonnen wird, indem die direkte Sexualbefriedigung auf ein anderes Ziel verschoben wird. Das unbrauchbare Ziel der sexuellen Triebregungen wird durch ein für den sozialen Zusammenhang und die Kultur wertvolleres ersetzt. Auf diese Weise geht – anders als im Fall der Verdrängung – die wertvolle Energie der infantilen Triebwünsche für die Charakterbildung nicht verloren.

Nach Freud baut jede Kultur auf geopferten Triebansprüchen auf, die die Quelle aller Kulturfeindschaft darstellen: Es ist »unmöglich zu übersehen, in welchem Ausmaß die Kultur auf Triebverzicht aufgebaut ist, wie sehr sie gerade die Nichtbefriedigung (Unterdrückung, Verdrängung oder sonst etwas?) von mächtigen Trieben zur Voraussetzung hat. Diese ›Kulturversagung‹ beherrscht das große Gebiet der sozialen Beziehungen der Menschen; wir wissen bereits, sie ist die Ursache der Feindseligkeit, gegen die alle Kulturen zu kämpfen haben.«

Der Kampf zwischen Eros und Thanatos

Die dem Sexualtrieb auferlegten Triebbeschränkungen reichten Freud zufolge als Erklärung für die Kulturfeindseligkeit und das Leiden an der Kultur nicht aus. »Diese Menschenmengen sollen libidinös aneinander gebunden werden; die Notwendigkeit allein, die Vorteile der Arbeitsgemeinschaft werden sie nicht zusammenhalten. Diesem Programm der Kultur widersetzt sich aber der natürliche Aggressionstrieb der Menschen, die Feindseligkeit eines gegen alle und aller gegen einen.«

Freud untersuchte die zerstörerische Seite des Kulturprozesses mithilfe seiner letzten Triebtheorie, die er in »Jenseits des Lustprinzips« (1920) entwickelt hatte. Das individuelle und zivilisatorische Geschehen erscheint nun als eine Folge des Kampfes zwischen Eros und Thanatos, zwischen Lebens- und Todestrieben.

Im Gegensatz zur Kraft des Eros, der die Menschen untereinander libidinös bindet, ist es die Tendenz des Todestriebes, die zum Leben gehörigen Spannungen und Konflikte stillzustellen. Wie die Wahl des Begriffs nahelegt, ist sein Vorbild der Tod, der den Zustand von Spannungslosigkeit schlechthin verkörpert. Die zerstörerischen Triebkräfte sind direkte Abkömmlinge des Todestriebes, der in zweierlei Gestalt auftreten kann: als stumme, nach innen gerichtete, selbstzerstörerische Kraft und als nach außen gerichteter Aggressions- und Destruktionstrieb. Freud kam zu dem Schluss, »daß die beiden Triebarten selten – vielleicht niemals – voneinander isoliert auftreten, sondern sich in verschiedenen, sehr wechselnden Mengungsverhältnissen miteinander legieren und dadurch unserem Urteil unkenntlich machen«.

Die Problematik des Todestriebes wird durch den narzisstischen Lustgewinn verschärft, »noch in der blindesten Zerstörungswut läßt sich nicht verkennen, daß seine Befriedigung mit einem außerordentlich hohen narzißtischen Genuß verknüpft ist, indem sie dem Ich die Erfüllung seiner alten Allmachtswünsche zeigt«. Der Kampf zwischen Lebens- und Todestrieben ist der Inhalt des Lebens; die Kulturentwicklung lässt sich als »Lebenskampf der Menschenart« verstehen. Der Eros ist die größte Gegenmacht und die einzig friedliche Waffe im Kampf gegen die primäre Feindschaft der Menschen gegeneinander.

Die Kulturentwicklung im Zeichen der Aggression

Die zweite im hohen Maße glückmindernde und kulturgefährdende Kraft ist also die Aggressionsneigung des Menschen, der an seinem Nächsten nicht nur seine sexuellen Bedürfnisse, sondern auch seine zerstörerischen Neigungen befriedigen möchte. »Infolge dieser primären Feindseligkeit der Menschen gegeneinander ist die Kulturgesellschaft beständig vom Zerfall bedroht. Das Interesse der Arbeitsgemeinschaft würde sie nicht zusammenhalten, triebhafte Leidenschaften sind stärker als vernünftige Interessen. Die Kultur muß alles aufbieten, um den Aggressionstrieben der Menschen Schranken zu setzen, ihre Äußerungen durch psychische Reaktionsbildungen niederzuhalten.«

Unter den zivilisierenden Mitteln mit aggressionshemmender Wirkung hob Freud zum einen den Versuch, Identifizierungen untereinander zu begünstigen, hervor. Zum anderen war das »wahrscheinlich jüngste der kulturellen Über-Ich-Gebote«: die feierlich aufgeladene, christliche Forderung ›Du sollst den Nächsten lieben wie dich selbst‹ – nach Freud – »ein ausgezeichnetes Beispiel für das unpsychologische Vorgehen des Kultur-Über-Ichs« und hervorragend geeignet, die darin verleugnete Aggressionsneigung des Menschen aufzudecken.

Die psychoanalytisch verdrängungsfreie Übersetzung des christlichen Gebots lautet: »Dieser Fremde ist nicht nur im allgemeinen nicht liebenswert, ... er hat mehr Anspruch auf meine Feindseligkeit, sogar auf meinen Haß. Er scheint nicht die mindeste Liebe für mich zu haben, bezeigt mir nicht die geringste Rücksicht.« Unter diesen Bedingungen ist die Formel »Liebe Deinen Nächsten, wie dein Nächster dich liebt« die einzige, die eine gewisse Aussicht auf Realisierbarkeit genießt.

Die Verinnerlichung der aggressiven Neigungen

Die Mittel der Kultur, um die aggressiven Neigungen des Menschen zu mildern oder unschädlich zu machen, sind zweideutig: »Die Aggression wird introjiziert, verinnerlicht, eigentlich aber dorthin zurückgeschickt, woher sie gekommen ist, also gegen das eigene Ich gewendet. Dort wird sie von einem Anteil des Ichs übernommen, das sich als Über-Ich dem übrigen entgegenstellt und nun als ›Gewissen‹ gegen das Ich dieselbe strenge Aggressionsbereitschaft ausübt, die das Ich gerne an anderen, fremden Individuen befriedigt hätte. Die Spannung zwischen dem gestrengen Über-Ich und dem ihm unterworfenen Ich heißen wir das Schuldbewußtsein; sie äußert sich als Strafbedürfnis. Die Kultur bewältigt also die gefährliche Aggressionslust des Individuums, indem sie es schwächt, entwaffnet und durch eine Instanz in seinem Inneren, wie durch eine Besatzung in der eroberten Stadt, überwachen läßt.« Dabei erfolgt die Bestrafung durch das Über-Ich unabhängig davon, ob das Individuum den aggressiven Impuls gegenüber dem anderen tatsächlich befriedigt oder dessen Befriedigung lediglich phantasiert. Es gibt kein Entrinnen. Wie der Aggressionstrieb ist das Schuldgefühl ein Ausdruck des Todestriebes.

Die Angst vor Bestrafung hat ihre infantile Wurzel in dem Verhältnis des Kindes zu seinen Eltern. Das Über-Ich ist der Niederschlag der ersten Autoritätspersonen im Leben eines Kindes, deren Liebe es nicht verlieren möchte. Die Strenge des Über-Ichs ist kein direktes Abbild der elterlichen Strenge, vielmehr ist sie die Summe aus dem väterlichen Verbot, aus der Aufforderung zum Triebverzicht und aus der kindlichen Auflehnung dagegen. Je stärker die kindliche Gegenwehr, desto strenger das Über-Ich. Das Individuum reagiert auf die Einschränkungen seiner Befriedigungsmöglichkeiten mit Aggression und ist durch den kulturellen Zurichtungsmechanismus gezwungen, diese zu verinnerlichen. Aus der Angst vor Autorität wird die Angst vor dem Über-Ich, die sich als Gewissensangst niederschlägt.

Die Bedeutung und Funktion des Schuldgefühls

Das antagonistische Verhältnis zwischen den individuellen Triebbedürfnissen und den kulturellen Anforderungen schlägt sich als unbewusstes Schuldgefühl nieder und bildet den tiefsten Grund des Zivilisationsprozesses. Das Schuldgefühl ist ein gefährliches Nebenprodukt des kulturellen Fortschritts, der das Individuum zu einem wachsenden Triebverzicht zwingt, auf den es mit aggressiven Triebregungen reagiert. Je höher eine Kultur entwickelt ist, desto mehr begünstigt sie die Zunahme des Aggressionspotenzials und des Schuldgefühls, sodass man von einem Paradox sprechen kann – je höher und verfeinerter die Kultur, desto geringer das Glücksempfinden. Die mit den Schuldgefühlen wachsende Spannung zwischen Kultur und Individuum schwächt dessen Kultureignung. Mit Blick auf die geschichtliche Situation und die wachsenden destruktiven Kräfte äußerte Freud besorgt: »Die Schicksalsfrage der Menschenart scheint mir zu sein, ob und in welchem Maße es ihrer Kulturentwicklung gelingen wird, der Störung des Zusammenlebens durch den menschlichen Aggressions- und Selbstvernichtungstrieb Herr zu werden.«

8

Die unbewusste Dimension der Kultur- und Religionsgeschichte

In seinen kulturtheoretischen Schriften behandelte Freud die Religion unter verschiedenen Gesichtspunkten. In »Zwangshandlungen und Religionsübungen« (1907) verglich Freud die zwangsneurotischen Zeremonielle mit den Frömmigkeitsritualen und deckte deren gemeinsame unbewusste Wurzel auf. Seine zentrale Annahme, dass die Religion der psychologische Ausdruck eines Vaterkomplexes sei, entwickelte er zum ersten Mal in »Totem und Tabu« (1912–1913). In ihr wandte sich Freud dem Totemismus und seinen beiden grundlegenden Verboten als dem kulturgeschichtlichen Vorläufer der monotheistischen Religion zu. In seiner religionskritischen Abhandlung »Die Zukunft einer Illusion« (1927) hinterfragte er den Einfluss der christlichen Religion und die Notwendigkeit einer religiösen Erziehung. Die späte Schrift »Der Mann Moses und die monotheistische Religion« (1939) über den Ursprung von Monotheismus und Antisemitismus wird vielfach als Freuds Vermächtnis bezeichnet. Unter dem Eindruck der dramatischen, historischen Veränderungen durch die nationalsozialistische Diktatur griff Freud den in »Totem und Tabu« entfalteten Zusammenhang von Gewalt und Schuld am Ursprung von Kultur und Religion wieder auf.

Die Erforschung der unbewussten Dimension und der psychischen Dynamik religions- und kulturgeschichtlicher Prozesse und Phänomene hat unser Verständnis von Religion und Kultur tief greifend verändert. Eine hinreichende Definition von Religion kann auf die Einbeziehung der psychoanalytischen Erkenntnisse nicht verzichten. Seine verdienstvollen Beiträge sichern Freud einen Platz unter den Klassikern der Religions- und Kulturwissenschaft. Wenn auch manche seiner Erkenntnisse als widerlegt oder nicht beweisbar gelten, erweist sich die psychoanalytische Vorgehensweise und Deutung kultureller Phänomene als besonders fruchtbar. Dies bezeugt nicht zuletzt seine Abhandlung über den Mann Moses, die in den letzten fünfzehn Jahren eine Renaissance erfährt und, wie Jan Assmann bemerkt, »inzwischen fraglos zu den grundlegenden Werken des 20. Jahrhunderts« gezählt wird.

Das zwangsneurotische Ritual

Der Aufsatz »Zwangshandlungen und Religionsübungen« erschien zuerst als Beitrag für die erste Ausgabe der neu gegründeten »Zeitschrift für Religionspsychologie«. Darin verglich Freud ein zwangsneurotisches Zeremoniell mit einem religiösen Glaubensritual und deckte eine Reihe von Gemeinsamkeiten auf. Den Ausgangspunkt bildet die zutage tretende Gewissensangst des Zwangskranken, sobald er ein Element seines pedantisch festgelegten Zeremoniells unterlässt: »Das neurotische Zeremoniell besteht in kleinen Verrichtungen, Zutaten, Einschränkungen, Anordnungen, die bei gewissen Handlungen des täglichen Lebens in immer gleicher oder gesetzmäßig abgeänderter Weise vollzogen werden. Diese Tätigkeiten ... erscheinen uns völlig bedeutungslos. Nicht anders erscheinen sie dem Kranken selbst, und doch ist er unfähig, sie zu unterlassen, denn jede Abweichung von dem Zeremoniell straft sich durch unerträgliche Angst ...«

Die zwang- und gewissenhafte Ausführung, die den Zwangskranken vollständig beansprucht und vom Rest seiner Umgebung isoliert, sowie die Gewissensangst bei fehlerhafter Verrichtung verleihen dem Zeremoniell den Charakter einer ›heiligen Handlung‹. All die genannten Eigenheiten und Merkmale treffen auch auf den Gläubigen zu. Ebenso wie den Zwangsneurotiker peinigt ihn das schlechte Gewissen, wenn er ein religiöses Ritual als Beweis seiner tugendhaften Frömmigkeit versäumt. Gegenüber Zwangshandlungen, die vordergründig sinnlos und zufällig erscheinen, besitzen religiöse Rituale freilich einen Mehrwert. Als Teil eines symbolischen Welterklärungszusammenhangs sind sie mit Sinn aufgeladen.

Freud konnte zeigen, dass auch jedem Element der zwangsneurotischen Inszenierung ein Sinn und eine tiefere Bedeutung zugrunde liegt. Sie ist dem Zwangskranken zu seinem Schaden nicht bewusst. Wie der Gläubige erfährt sich der Zwangsneurotiker als Sünder. Beide stehen unter der Herrschaft eines unbewussten Schuldbewusstseins. Es entstammt einer verdrängten infantilen Triebregung, meist sexueller Herkunft, und faltet sich in drei Momente auseinander: »Dies Schuldbewußtsein hat seine Quelle in gewissen frühzeitigen Seelenvorgängen, findet aber eine beständige Auffrischung in der bei jedem rezenten Anlaß erneuerten *Versuchung* und läßt anderseits eine immer lauernde *Erwartungsangst*, Unheilserwartung, entstehen, die durch den Begriff der *Bestrafung* an die innere Wahrnehmung der Versuchung geknüpft ist. ... Das Zeremoniell beginnt so als *Abwehr*- oder *Versicherungshandlung*, *Schutz*-

maßregel.« Die Zwangshandlung dient demnach dazu, Ängste zu binden und zu bewältigen.

Der zwangsneurotischen Symptomhandlung liegt ein unlösbarer Konflikt zwischen der Triebregung und ihrer nur zum Teil gelingenden Verdrängung zugrunde. Die stete Gefahr der Versuchung durch das ›konstante Andrängen des Triebes‹ muss unter großem psychischem Aufwand durch die zwang- und gewissenhaften Abwehrmaßnahmen gebannt werden. Wie in der Hysterie gelingt in der Zwangsneurose nur ein Kompromiss zwischen dem Verbot und der Triebregung, die sich im Symptom Befriedigung verschafft.

War die Religion nach Freud als eine ›universelle Zwangsneurose‹ zu verstehen, so die Zwangsneurose als das ›Zerrbild einer Religion‹. Die beiden Phänomene unterscheiden sich nach ihrem Wert für die soziale Ordnung. Während es sich bei der Neurose um eine Privatveranstaltung und asoziale Bildung handelt, schafft die Religion mit den ihr zugehörigen Ritualen eine allgemein verbindliche Grundlage für die soziale Gemeinschaft.

Von der Illusion der Religion zum Primat der Vernunft

Vor dem Hintergrund einer wachsenden Kulturfeindlichkeit unterzog Freud in seiner Abhandlung »Die Zukunft einer Illusion« die christlichen Lehrsätze, Vorstellungen und Glaubensvorschriften einer schonungslosen Kritik. Einen Teil des Aufsatzes verfasste Freud als Zwiegespräch zwischen sich und einem fiktiven Gesprächspartner und Verteidiger der Religion, hinter dem sich der Züricher Pfarrer und Psychoanalytiker Oskar Pfister verbirgt. In diesem Aufsatz deutete Freud zum einen Religion als kulturelles Phänomen, als eine entscheidende Sublimierungsleistung und als ein wesentliches Stadium der Gattungsgeschichte. Aus den seelischen Konflikten des Menschen hervorgegangen, beherrschen die religiösen Lehren, ihre ethischen Vorschriften und moralischen Ansprüche über einen langen Zeitraum die kulturellen Institutionen und das Zusammenleben der Menschen. Zum anderen beleuchtete Freud die Antworten der christlichen Religion auf die seelischen Bedürfnisse und Nöte des Menschen, um ihre Bedeutung für die Zivilisierung und Kultureignung des Menschen zu klären.

Eine einleitende Diagnose des herrschenden Kulturniveaus fällt ernüchternd aus. Nach Freuds Ansicht war die Mehrzahl der Menschen im Grunde ihrer Seele kulturfeindlich. Ihre Feindschaft ist Ausdruck ihrer

Überforderung durch die Kultur, die ihre Triebbedürfnisse unterdrückt. Die technischen Errungenschaften im Kampf um die Beherrschung der Natur stehen in einem Widerspruch zu den mäßigen Erfolgen auf dem Gebiet des sozialen Zusammenlebens.

Die Fragilität der menschlichen Existenz

Im Zentrum von Freuds Definition von Kultur steht das Verhältnis des Menschen zur Natur, die Bedingtheiten der menschlichen Existenz. Allen voran das »schmerzliche Rätsel des Todes« und die Krankheiten, denen er ausgesetzt ist. Um zu überleben, ist er darüber hinaus auf andere Menschen und eine übermächtige, letztlich unbezwingbare Natur angewiesen. Seine zahlreichen Abhängigkeiten bilden die Grundlage aller Kulturanstrengungen.

Die Erfahrung der Ohnmacht, die Unsicherheit und Unvorhersehbarkeit, die allem Leben innewohnen, bedeuten Freud zufolge eine schwere narzisstische Kränkung des menschlichen Selbstgefühls. Indem der Mensch anfänglich den zahlreichen Schrecken und Ängsten einen Namen gibt, unvorhersehbare Schicksalsschläge als Ausdruck eines dämonischen Willens begreift, emanzipiert er sich von den unmittelbar auf ihn einwirkenden, übermächtigen Einflüssen der Natur. Sobald er die von unpersönlichen Kräften verursachten Leiden als eine Folge böser Mächte versteht, entwickelt er Verhaltensweisen und Techniken, um diese zu beeinflussen und umzustimmen.

Um sein Bedürfnis nach Schutz und Sicherheit zu befriedigen, verleiht er den Naturkräften väterliche Eigenschaften und erhebt sie zu Göttern: »Die Götter behalten ihre dreifache Aufgabe, die Schrecken der Natur zu bannen, mit der Grausamkeit des Schicksals, besonders wie es sich im Tode zeigt, zu versöhnen und für die Leiden und Entbehrungen zu entschädigen, die dem Menschen durch das kulturelle Zusammenleben auferlegt werden.« Freud deutete die Religion als symbolischen Ausdruck eines Vaterkomplexes. Die Sehnsucht nach dem Vater wurde von ihm zweifach begründet: Der infantile Grund liegt in der Hilflosigkeit, Schwäche und Unterlegenheit des Kindes gegenüber den Erwachsenen; der phylogenetische Grund in der Zeit der Unsicherheit und Schutzlosigkeit nach der Ermordung des Urvaters durch die Urhorde am Übergang vom prähistorischen Stadium der Menschheitsentwicklung zur Kultur.

Die ›illusionäre Ermäßigung‹ der Religion

Um sich die Fragilität seines Daseins erträglich zu machen, schreibt der religiöse Mensch dem Leben einen höheren Zweck zu. Er knüpft sein Leben an eine göttliche Instanz, die er als unerschöpfliche Quelle von Sinn und Bedeutung, als Korrektiv für die offenkundigen, hell zutage liegenden Mängel und Zumutungen des Lebens in Anspruch nimmt. Die Lebenstatsachen des Menschen erscheinen nicht unvermeidlich und unhintergehbar, sondern werden als Folge eines göttlichen Eingriffs in die menschlichen Angelegenheiten gedeutet. Mit dem Tod endet das Leben nicht, sondern erfährt im Jenseits seine Erhöhung. Am Ende siegt die Gerechtigkeit: Das Gute wird belohnt, das Böse bestraft, aller Schrecken gebannt. Gegen alle menschliche Erfahrung von der Unberechenbarkeit des Schicksals wird an einer göttlichen wie gütigen Vorsehung festgehalten. Da die religiösen Vorstellungen einen eklatanten »Mangel an Glaubwürdigkeit« aufweisen, musste ihr Einfluss und ihre Macht, Freud zufolge, psychologisch begründet sein. Freuds Urteil über die Religion beruft sich auf ihren Umgang mit der äußeren Wirklichkeit oder Not des Lebens.

Davon ausgehend, sprach Freud den religiösen Lehren den Wert einer Illusion zu: »Für die Illusion bleibt charakteristisch die Ableitung aus menschlichen Wünschen, sie nähert sich in dieser Hinsicht der psychiatrischen Wahnidee, aber sie scheidet sich ... auch von dieser. ... Wir heißen also einen Glauben eine Illusion, wenn sich in seiner Motivierung die Wunscherfüllung vordrängt, ... Sie (die religiösen Lehren, Anm. I. B.) sind sämtlich Illusionen, unbeweisbar ... Einige von ihnen sind so unwahrscheinlich, so sehr im Widerspruch zu allem, was wir mühselig über die Realität der Welt erfahren haben, daß man sie ... den Wahnideen vergleichen kann.«

Nach Freud waren die Hinweise des Verteidigers auf den Glauben als nie versiegendes Trostmittel und als Schutz gegen einen Rückfall ins Chaos unhaltbar. Obwohl die Religion über Jahrhunderte die Definitionsmacht und Deutungshoheit innehatte, war sie nicht in der Lage, die Menschen »mit dem Leben auszusöhnen, sie zu Kulturträgern zu machen«.

Die Religion als »allgemein menschliche Zwangsneurose«

Freud stellte einen Zusammenhang her zwischen dem schleichenden Bedeutungs- und Funktionsverlustes der Religion und der Zunahme neurotischer Erkrankungen: »... daß die Menschheit als Ganzes in ihrer säkularen Entwicklung in Zustände gerät, welche den Neurosen analog sind ...« Denn als ›allgemein menschliche Zwangsneurose‹ erspart die Religion vielen ihrer Anhänger eine individuelle Zwangserkrankung. Die Vergleichbarkeit beruhte nach Freud auf dem nämlichen Umgang mit unbrauchbaren Triebansprüchen, da die Religion »in den Zeiten ihrer Unwissenheit und intellektuellen Schwäche die für das menschliche Zusammenleben unerläßlichen Triebverzichte nur durch rein affektive Kräfte zustande gebracht hat«.

Das Primat der Intelligenz

Die Versöhnung der menschlichen Triebansprüche mit den notwendigen Anforderungen war Freud zufolge die Hauptaufgabe der Kultur. Die ›illusionären Ermäßigungen‹ sollten die Zumutungen des Leidens lindern. Statt einer Tröstung handelte sich der Mensch neue Konflikte ein, denn die religiöse Erziehung mit ihren Denkverboten hemmte die Intelligenz des Erwachsenen. Freud erwähnte »den betrübenden Kontrast zwischen der strahlenden Intelligenz eines gesunden Kindes und der Denkschwäche des durchschnittlichen Erwachsenen«.

In Übereinstimmung mit dem wissenschaftlichen Fortschritt richtet sich das therapeutische Ziel der Psychoanalyse im Ganzen darauf, »die Erfolge der Verdrängung durch die Ergebnisse der rationellen Geistesarbeit zu ersetzen«. Freud war davon überzeugt, dass die Psychoanalyse wesentlich zur Aufklärung und zur Überwindung der religiösen Illusion und des Aberglaubens und damit zur Selbstbefreiung des Menschen beitragen könnte. Die Illusion sollte dem psychologischen Ideal, dem Primat des Intellekts, weichen. Die Lösung dieser Aufgabe war nach Freud schwierig, aber nicht unmöglich, denn: »... die Stimme des Intellekts ist leise, aber sie ruht nicht, ehe sie sich Gehör geschafft hat. Am Ende, nach unzählig oft wiederholten Abweisungen, findet sie es doch.«

Die Religionskritik schließt mit einem leidenschaftlichen Plädoyer für die wissenschaftliche Erkenntnis, die dem Allmachtsgefühl des Menschen ein Ende setzen wird. Von den Leistungen des wissenschaftlichen Erklärungsmodells ausgehend, beurteilte Freud den Wirklichkeitsgehalt der religiösen Weltdeutung. Demzufolge besitzen die religiösen Lehren zum Teil historischen Wert, ihre Funktion haben sie hingegen längst eingebüßt. Gegen alle Beteuerungen ihrer Verteidiger ist das Festhalten an der christlichen Lehre nicht ein kulturfördernder, sondern ein kulturschädigender Faktor. Nach Freud war es an der Zeit, die religiöse Erziehung durch die »Erziehung zur Realität« abzulösen.

Die Entstehung des jüdischen Monotheismus

Unter dem Eindruck der historischen Ereignisse und des wachsenden Antisemitismus schrieb Freud im Herbst 1934 an den Schriftsteller Arnold Zweig: »Angesichts der neuen Verfolgungen fragt man sich wieder, wie der Jude geworden ist und warum er sich diesen unsterblichen Haß zugezogen hat. Ich hatte bald die Formel heraus: Moses hat den Juden geschaffen und mein Roman bekam den Titel: Der Mann Moses, ein historischer Roman.«

Die Abhandlung »Der Mann Moses und die monotheistische Religion« besteht aus drei Teilen, von denen nur der erste romanhafte Züge trägt. Die beiden ersten Abschnitte veröffentlichte Freud bereits 1937 in der psychoanalytischen Zeitschrift »Imago«, der dritte Teil entstand noch in Wien. Angesichts der zugespitzten historischen Lage sah Freud von einer Veröffentlichung ab. Nachdem Freud im Jahr 1938 Wien verlassen musste, veröffentlichte er die dritte Abhandlung im Londoner Exil.

Die Frage nach dem Vater zieht sich durch Freuds gesamte Theorie. Im Schatten der historischen Ereignisse gewinnt sie in »Der Mann Moses« besondere Dringlichkeit. Nach Freud ereignete sich am Ursprung von Kultur und Gesellschaft, Religion und Sittlichkeit die Ermordung des Urvaters. Dieses Ereignis erzeugt jene Urschuld, die zur Bedingung des Kulturmenschen wird. Ausgehend von dieser traumatischen ›Urszene‹ entfaltete Freud die seelische Dynamik des religionsgeschichtlichen Prozesses, den Zusammenhang von Gewalt und Schuld, von Trauma, Wiederholung und Wiederkehr. Von ihr geht die tiefenpsychologische Strukturierung des Menschen und der Gesellschaft aus, die durch die Geschichte hindurch bestimmend bleibt.

Schon in seinem frühen Aufsatz »Zur Psychopathologie des Alltagslebens« äußerte Freud das Vorhaben, die »Konstruktion einer übersinnlichen Realität« mithilfe der Wissenschaft in eine »Psychologie des Unbewußten« zurückzuverwandeln, »die Mythen vom Paradies und Sündenfall, von Gott, vom Guten und Bösen, von der Unsterblichkeit u. dgl. in solcher Weise aufzulösen, die Metaphysik in Metapsychologie umzusetzen«.

In der II. Vorbemerkung, die er im Londoner Exil hinzufügte, erklärte Freud: »... daß die religiösen Phänomene nur nach dem Muster der uns vertrauten neurotischen Symptome des Individuums zu verstehen sind, als Wiederkehren von längst vergessenen, bedeutsamen Vorgängen in der Urgeschichte der Familie, daß sie ihren zwanghaften Charakter eben diesem Ursprung verdanken und also kraft ihres Gehalts an *historischer* Wahrheit auf die Menschen wirken.«

Moses, ein Ägypter

Freud eröffnete den ersten Teil mit einer psychoanalytischen Deutung der biblischen Stellen über Moses, um dessen Herkunft zu bestimmen: Die biblische Figur des Moses, der Befreier und Gesetzgeber des jüdischen Volkes, war nicht Hebräer, sondern ein vornehmer Ägypter. Um diese These zu erhärten, verwies er einerseits auf die ägyptische Herkunft des Namens ›mose‹, der Kind bedeutet. Eine Ableitung, die zwar auch von anderen Wissenschaftler schon erkannt worden war. Aus »Respekt vor der biblischen Tradition« ließen sie aber Moses' hebräische Genealogie unangetastet. Andererseits auf die biblische Stelle aus dem Buch Exodus, in der Moses als Kind von Leviten in einem Schilfkörbchen ausgesetzt und von einer ägyptischen Prinzessin aus dem Wasser gerettet und aufgezogen wurde. Ausgehend von Otto Ranks Thesen über den »Mythos von der Geburt des Helden«, zeigte Freud, dass Zeugung, Geburt und Abstammung eines Helden in besonderer Weise die Legendenbildung fördern.

Freud analysierte das Geburtsmythologem des Moses zudem im Licht der neurotischen Abstammungsphantasien, des sogenannten Familienromans. Die psychoanalytische Behandlung zeigt, dass Kinder häufig der Phantasie anhängen, von höherer, meist aristokratischer Abstammung zu sein und durch widrige Umstände in eine Familie von niedriger Herkunft geraten zu sein. Sie entstammt der Phase des Ödipuskomplexes und ist eine Reaktionsbildung des Kindes, in der sich eine veränderte Einstellung gegenüber dem Vater ausdrückt. Im Falle des ausgesetzten Moses handelte es sich allerdings um eine umgekehrte Version des neurotischen Familienromans. Moses, der Ägypter, sollte »durch die Sage zum Juden gemacht werden«.

Moses als Religionsstifter

Im zweiten Teil arbeitete Freud seine These von Moses, dem Ägypter, aus, der den Juden die monotheistische Religion brachte. Er rekonstruierte den Bildungs- und Entstehungsprozess des jüdischen Monotheismus, der sich in mehreren Schritten und über einen langen historischen Zeitraum von etwa 800 Jahren vollzog. Moses, ein vornehmer Ägypter, war überzeugter Anhänger der monotheistischen Atonreligion, die nur von kurzer Dauer war.

Das Urbild der mosaischen Religion war die unter der Herrschaft von Amenohotep IV. in der Zeit von 1364–1347 v. Chr. eingesetzte Staatsreligion, die Aton, einen Sonnengott, zur höchsten Instanz erhob. Die strenge Religionsreform richtete sich gegen den Ammonskult. Der Monotheismus des Amenohotep, auch Ikhnaton oder Echnaton genannt, wies eine Reihe von Ähnlichkeiten mit dem jüdischen Monotheismus auf. Der Atonkult war eine Absage an den Polytheismus, an die Vielheit der Götter. Sie war monotheistisch, kannte also nur noch einen einzigen Gott, widerstand ›allen magischen Versuchungen‹ und verzichtete auf die Jenseits-Vorstellung von einem Leben nach dem Tod sowie auf bildliche Darstellungen des Sonnengottes.

Nach dem Untergang der Atonreligion übernahm Moses die Idee. Um sich für den Verlust zu entschädigen, wählte er sich einen semitischen, in Ägypten lebenden Stamm, um aus ihm ein ›geheiligtes Volk‹ zu machen. Er gab ihnen »die Idee einer einzigen, die ganze Welt umfassenden Gottheit, die nicht minder alliebend war als allmächtig, die, allem Zeremoniell und Zauber abhold, den Menschen ein Leben in Wahrheit und Gerechtigkeit zum höchsten Ziel setzte«. Als Zeichen ihres Bundes führte er das ägyptische Ritual der Beschneidung ein. Moses' kompromisslose Forderungen und strenge Ansprüche überforderten seine Gefolgschaft. Seine empörten Anhänger erhoben sich gegen ihn und erschlugen ihren Anführer und Gesetzgeber. Nach Moses' Ermordung warfen sie seine religiöse Lehre wieder ab.

Die Juden vereinigten sich, wie Freud annahm, etwa zwei oder mehrere Generationen später in Qades mit den arabischen Midianitern und nahmen den primitiven Kult eines Vulkangottes mit dem Namen Jahve an. Die geschichtliche Gestalt des Moses verschmolz mit einem midianitischen Priester desselben Namens. Dieser midianitische Priester, der bei Annahme des Jahvekultus zwischen Volk und Gott vermittelte, nahm den Platz des ägyptischen Moses in der biblischen Tradition ein. Es dauerte mehrere hundert Jahre bis sich der Transformationsprozess, die Rückwandlung der Jahve-Religion, »vielleicht bis zur Identität mit der ursprünglichen Religion des Moses'« vollzog.

Die mosaische Religion war nach Freud nicht gänzlich untergegangen, sondern »eine Art von Erinnerung an sie hatte sich erhalten, verdunkelt und entstellt, vielleicht bei einzelnen Mitgliedern der Priesterkaste durch alte Aufzeichnungen gestützt. Und diese Tradition einer großen Vergangenheit war es, die aus dem Hintergrunde gleichsam zu wirken fortfuhr, allmählich immer mehr Macht über die Geister gewann und es endlich erreichte, den Gott Jahve in den Gott Moses' zu verwandeln und die vor langen Jahrhunderten eingesetzte und dann verlassene Religion Moses' wieder zum Leben zu erwecken.«

»Die Wiederkehr des Verdrängten«

Der dritte Teil trägt den Titel »Moses, sein Volk und die monotheistische Religion«. Freud legte in ihm die psychoanalytische Deutung der Gründe für das Wiederauftauchen der mosaischen Religion, die Entstehung des jüdischen Monotheismus, dar. Das unverzichtbare Bindeglied der Freud'schen Konstruktion zwischen dem vergessenen urzeitlichen Ereignis und der Wiederkehr in Form des jüdischen Monotheismus stellte der Mord an Moses dar. Freud konnte sich dabei auf den Historiker Ernst Sellin berufen, der ebenfalls von der Ermordung des Moses durch sein Judenvolk ausgegangen war, sie zu diesem Zeitpunkt aber bereits wieder verworfen hatte.

In Freuds Interpretation des kollektiven Traumas ist unschwer sein wissenschaftlicher Mythos vom Urvatermord aus »Totem und Tabu« wiederzuerkennen. Der Urvater hatte seinen Söhnen den sexuellen Verkehr mit den Frauen der Urhorde versagt. Sie lehnten sich gegen ihn auf und erschlugen ihn. Da sie dem Vater gegenüber gemischte Gefühle empfanden, sie ihn nicht nur gehasst, sondern auch bewundert hatten, ersetzten sie ihn anschließend durch ein Totemtier, errichteten ihm einen Kult und erhoben nachträglich das Tötungs- und Inzestverbot zur Grundlage ihrer sozialen Ordnung. Freud wandte seine Konstruktion auf Moses an, der sich einen »Haufen von eingewanderten, kulturell rückständigen Fremdlingen« suchte, sie zu seiner Horde, seinem Volk, ernannte und ihm seine Religion aufdrängte. In der Ermordung des Moses wiederholte sich die urgeschichtliche Szene.

Im »Mann Moses« ergänzte Freud seine Totemtheorie durch eine Phase des Matriarchats zwischen dem Totemismus und der monotheistischen Idee des einzigen Vatergottes. In dieser Periode übertrugen die Menschen ihre Angst vor einer übermächtigen Natur und ihre Wünsche nach Schutz auf Muttergottheiten. »An einer nicht leicht bestimmbaren Stelle dieser Entwicklung treten große Muttergottheiten auf, wahrscheinlich noch vor den männlichen Göttern, ... Das Mutterrecht wurde durch eine wiederhergestellte patriarchalische Ordnung abgelöst. Die neuen Väter erreichten freilich nie die Allmacht des Urvaters, es waren ihrer viele, die in größeren Verbänden ... miteinander lebten; ... Wahrscheinlich entstanden die Muttergottheiten zur Zeit der Einschränkung des Matriarchats zur Entschädigung der zurückgesetzten Mütter. Die männlichen Gottheiten erscheinen zuerst als Söhne neben den großen Müttern, erst später nehmen sie deutlich die Züge von Vatergestalten an.«

Das zentrale Motiv in Freuds Deutung ist der Mord am Urvater als das Urverdrängte, das in allen Religionen wiederkehrt. In diesem Sinne erweist sich die Geschichte der Religionen als eine Reihe von Reaktionsbildungen auf dieses Urereignis.

Die Latenzperiode

Die Zeit zwischen dem Mord an Moses, dem Abfall von seiner Religion und ihrer Wiederkehr beschrieb Freud als Latenzperiode. Dieses Phänomen war ihm aus der klinischen Behandlung bekannt. Die Periode der Latenz liegt zwischen einem traumatischen Ereignis sexueller oder aggressiver Natur, seiner Verdrängung und einer teilweisen »Wiederkehr des Verdrängten« in den verschiedenen Symptomen. In Analogie zu einem individuell erlebten Trauma und seiner Verarbeitung wandte Freud diesen psychischen Mechanismus auf kollektive traumatische Ereignisse an. Obwohl die Erwähnung des traumatischen Ereignisses während der Latenzphase aus der offiziellen Geschichtsschreibung verdrängt wurde, ging es doch nie verloren. Die Erinnerung an das Ereignis bahnte sich ihren Weg durch andere Kanäle der Tradition außerhalb des schriftlich fixierten Kanons. »Was in der Niederschrift ausgelassen oder abgeändert worden war, konnte sehr wohl in der Tradition unversehrt erhalten geblieben sein. Die Tradition war die Ergänzung und zugleich der Widerspruch zur Geschichtsschreibung.« Die mündliche Überlieferung von einer Generation zur nächsten war zwar wahrhaftiger, zugleich weniger zuverlässig und bestimmt. Der Ausschluss aus der offiziellen Geschichtsschreibung konnte das Ereignis nicht vernichten und ungeschehen machen, sondern stärkte es. Die daran gebundenen unerledigten, unentschiedenen seelischen Konflikte wurden durch die Jahrhunderte mächtiger, sodass das Ereignis seinen Weg in die offizielle Geschichtsschreibung zurückfand.

Der »Fortschritt in der Geistigkeit«

Freud betonte, »daß jedes aus der Vergessenheit wiederkehrende Stück sich mit besonderer Macht durchsetzt, einen unvergleichlich starken Einfluß auf die Menschenmassen übt und einen unwiderstehlichen Anspruch auf Wahrheit erhebt«. Indem Moses den Juden die monotheistische Religion aufdrängte, hatte er die Juden geschaffen. Die ersten Anhänger der mosaischen Religion waren zwar abgefallen, aber ihre Forderungen wirkte dennoch psychisch nach. Nach einer langen Periode kam die anspruchsvolle und strenge Religion erneut zum Vorschein. Die Triebverzichte, die ihnen die mosaische Religion abverlangte, und die Vorstellung, das auserwählte Volk zu sein, steigerten das Selbstbewusstsein des jüdischen Volkes. Es lehnte alle magischen, mystischen und abergläubischen Elemente ab. Das jüdische Volk emanzipierte sich von der Herrschaft der Sinnlichkeit, indem es intellektuelle Prozesse wie »Erinnerungen, Überlegungen, Schlußvorgänge« höher schätzte und ethische Vorschriften betonte. »Ein Teil ihrer Vorschriften rechtfertigt sich auf rationelle Weise durch die Notwendigkeit, die Rechte der Gemeinschaft gegen den Einzelnen, die Rechte des Einzelnen gegen die Gesellschaft und die der Individuen gegeneinander abzugrenzen.« Nach Freud entsprach dies einem Reifungsschritt, einer Wendung vom Mütterlichen hin zum Väterlichen, einem »Fortschritt in der Geistigkeit«.

Unter den Vorschriften, die die Fähigkeit zum Triebverzicht und zur Triebeinschränkung begünstigen, erweist sich eine als besonders bedeutsam: »Es ist das Verbot, sich ein Bild von Gott zu machen, also der Zwang, einen Gott zu verehren, den man nicht sehen kann. ... vielleicht war es eine neue Vorkehrung gegen magische Mißbräuche. ... es bedeutete eine Zurücksetzung der sinnlichen Wahrnehmung gegen eine abstrakt zu nennende Vorstellung, einen Triumph der Geistigkeit über die Sinnlichkeit, strenggenommen ein Triebverzicht mit seinen psychologisch notwendigen Folgen.«

Die christliche Religion

Freud betonte vor allem den defensiven Aspekt von Religion, den aus der infantilen Hilflosigkeit geborenen Wunsch nach Schutz durch den Vater. Die schöpferische und sublimierende Funktion der christlichen Religion schätzte er gering. Die christliche Religion verkörpert keine strenge Form des Monotheismus, sondern eine Kompromissbildung. Gegenüber dem jüdischen Monotheismus stellt sie sowohl einen Fortschritt als auch einen Rückschritt dar. In ihr kehrt das aus dem Urvatermord stammende, verdrängte Schuldbewusstsein wieder. Im Gegensatz zum jüdischen Monotheismus gelingt der christlichen Lehre zwar dessen Anerkennung, sie bezahlt sie allerdings mit einem Rückfall in magisch mystische und abergläubische Praktiken.

Der religionsgeschichtliche Prozess verläuft über die Einsetzung des Totems bis zu der eines Gottes. Die Religion des Urvaters kehrte nach Freud im mosaischen Monotheismus wieder und setzt sich im Christentum fort. In der Ermordung Christi wiederholt sich der Mord am Urvater und an Moses. Freud nimmt eine Phase, eine Epoche verstärkten Schuldgefühls, an, das in der christlichen Vorstellung von der Erbsünde seinen symbolischen Ausdruck findet. In der Theologie des Paulus, eines römischen Juden aus Tarsus, kehrte, Freud zufolge, in entstellter Form das Schuldbewusstsein gegenüber dem Mord am Urvater wieder: »... es wurde nicht die Mordtat erinnert, sondern anstatt dessen ihre Sühnung phantasiert, und darum konnte diese Phantasie als Erlösungsbotschaft (*Evangelium*) begrüßt werden. Ein Sohn Gottes hatte sich als Unschuldiger töten lassen und damit die Schuld aller auf sich genommen.« Der Mord am Vater konnte nur durch das Opfer eines Sohnes gesühnt werden.

Die ›archaische Erbschaft‹

Die Triebkonflikte der einzelnen Individuen wie der Gesellschaft finden ihren Niederschlag in den symbolischen Formen und kulturellen Institutionen. Mithilfe der Begriffe von der phylogenetischen oder archaischen Erbschaft spannte Freud einen psychohistorischen Bogen von der Urgeschichte bis zur Gegenwart, von der kollektiven Geschichte zur Lebensgeschichte des Individuums. Freud hielt daran fest, dass zwischen den Anfängen und der Gegenwart der menschlichen Gattung historisch kein Schnitt gemacht werden kann. Entsprechend verleiht die Analogie zwischen Ontogenese und Phylogenese nach Karl Stockreiter »jedem Schritt der klinischen Arbeit einen ... unablösbaren gesellschaftlich-historischen Aspekt«.

Der Begriff der ›archaischen Erbschaft‹ beschreibt den Einfluss eines Ereignisses auf das Subjekt, das nicht seiner direkten biografischen Umgebung entstammt, sondern eine kollektive Dimension enthält. »Wenn wir die Reaktionen auf die frühen Traumen studieren, sind wir oft genug überrascht zu finden, daß sie sich nicht strenge an das wirklich selbst Erlebte halten, sondern sich in einer Weise von ihm entfernen, die weit besser zum Vorbild eines phylogenetischen Ereignisses paßt und ganz allgemein nur durch dessen Einfluß erklärt werden kann. Das Verhalten des neurotischen Kindes zu seinen Eltern im Ödipus- und Kastrationskomplex ist überreich an solchen Reaktionen, die individuell ungerechtfertigt erscheinen und erst phylogenetisch, durch die Beziehung auf das Erleben früherer Geschlechter, begreiflich werden. Es wäre durchaus der Mühe wert, ... die Behauptung aufzustellen, daß die archaische Erbschaft des Menschen nicht nur Dispositionen, sondern auch Inhalte umfaßt, Erinnerungsspuren an das Erleben früherer Generationen.«

Serviceteil

Kurzbiografie

6. Mai 1856: Geburt Sigmund Freuds in Freiberg (der heutigen Slowakei)
1860: Umzug nach Wien
1873: Beginn des Medizinstudiums an der Universität Wien
1876-1882: Assistent am Institut für Physiologie
1880: Begegnung mit Josef Breuer
1881: Ernennung zum Doktor der Medizin
1885: Studienaufenthalt bei Jean-Martin Charcot an der Salpétrière in Paris
1886: Heirat mit Martha Bernays
1887: Geburt seiner Tochter Mathilde; Begegnung mit Wilhelm Fließ
1889: Geburt seines Sohnes Martin; Besuch bei Hippolyte Bernheim in Nancy (Frankreich)
1890-91: Umzug in die Berggasse 19, Wien
1892: Geburt seines Sohnes Ernst
1893: Geburt seiner Tochter Sophie
1895: Geburt seiner Tochter Anna; Der Traum von »Irmas's Injektion«
1896: Tod seines Vaters, Jakob Freud; Bruch mit Josef Breuer
1897: Beginn der Selbstanalyse (1896-1902) – Aufgabe der Verführungstheorie
1902: Begegnung mit Alfred Adler
1905: Begegnung mit Otto Rank
1907: Begegnung mit C. G. Jung, Karl Abraham
1908: Begegnung mit Sandor Ferenczi, Ernest Jones
1909: Begegnung mit Oskar Pfister
1910: Gründung der Internationalen Psychoanalytischen Vereinigung (IPA)
1914: Ausbruch des 1. Weltkrieges
1918: Ende des 1. Weltkrieges
1920: Tod von Tochter Sophie; Gründung des Internationalen Zeitschrift für Psychoanalyse
1923: erste Krebsoperation
1930: Tod von Freuds Mutter; Verleihung des Goethe-Preises an Sigmund Freud
1933: Hitlers Machtergreifung
1938: Freud verlässt Wien mithilfe von Ernest Jones und Marie Bonaparte

23. September 1939: Freud stirbt im Alter von 83 Jahren im Londoner Exil

Zitatnachweise

S. 14: »Sehen(s) und Ordnen(s)...« – Elisabeth Roudinesco: Wien-Paris. Die Geschichte der Psychoanalyse in Frankreich, Weinheim Berlin 1994, S. 41.

S. 14: »Übergriffe der theoretischen ...« – Ebd., S. 41.

S. 14: »La théorie, c'est ...« – Sigmund Freud: Charcot (Nachruf). In: ders.: Gesammelte Werke, Band I, Frankfurt am Main 1991, S. 24.

S. 17: »die große Mehrzahl ...« – Josef Breuer, Sigmund Freud: Studien über Hysterie. Einl. von Stavros Mentzos, Frankfurt am Main 1991, S. 265.

S. 17: »Jetzt ist er ...« – Ebd., S. 176.

S. 17: »Ätiologie in sexuellen ...« – Sigmund Freud: Zur Psychotherapie der Hysterie. In: ders.: Schriften zur Behandlungstechnik, Studienausgabe, Ergänzungsband, Frankfurt am Main 1982, S. 51.

S. 18: »faßte sich plötzlich ...« – Josef Breuer, Sigmund Freud: Studien über Hysterie. Einl. von Stavros Mentzos, Frankfurt am Main 1991, S. 198.

S. 18: »eine ununterbrochene Reihe ...« – Sigmund Freud: Zur Psychotherapie der Hysterie. In: ders.: Schriften zur Behandlungstechnik, Studienausgabe, Ergänzungsband, Frankfurt am Main 1982, S. 89 f.

S. 18: »die Frage des Traums ...« – Didier Anzieu: Freuds Selbstanalyse und die Entdeckung der Psychoanalyse, Bd. 1: 1895–1898, München, Wien 1990, S. 24.

S. 19: »die Selbsterkenntnis der Menschheit ...« – Sigmund Freud: Die Traumdeutung. Nachw. von Hermann Beland, Frankfurt am Main 1991, S. 629.

S. 19: »Für mich hat ...« – Sigmund Freud: Die Traumdeutung. In: ders.: Die Traumdeutung, Studienausgabe, Band II, Frankfurt am Main 1982, S. 24.

S. 20: »Eine große Halle ...« – Ebd., S. 126 f.

S. 21: »Traum als Hüter ... – Ebd., S. 240.

S. 21: »Der Traum ist ...« – Ebd., S. 175

S. 22: »Traumgedanken und Trauminhalt ...« – Ebd., S. 280.
S. 22: »Wir dürfen also ...« – Ebd., S. 160.
S. 25: »Wir haben einen ...« – Sigmund Freud: Zur Psychopathologie des Alltagslebens. In: ders.: Gesammelte Werke, Band. IV, Frankfurt am Main 1991, S. 96.
S. 25: »Frau F. erzählt ...« – Ebd., S. 89.
S. 27: »Somit werden wir ...« – Sigmund Freud: Drei Abhandlungen zur Sexualtheorie. In: ders.: Sexualleben, Studienausgabe, Band V, Frankfurt am Main 1982, S. 79 f.
S. 28: »Im Sinne der ...« – Ebd., S. 56.
S. 28: »Verknüpfung des Sexualtriebes ...« – Ebd., S. 58.
S. 28: »die psychische Repräsentanz einer ... – Ebd., S. 76.
S. 29: »Wo also jemand ...« – Sigmund Freud: Bruchstück einer Hysterie-Analyse. In: ders.: Hysterie und Angst, Studienausgabe, Band VI, Frankfurt am Main 1982, S. 125.
S. 29: »Neurose als dem ...« – Sigmund Freud: Drei Abhandlungen zur Sexualtheorie. In: ders.: Sexualleben, Studienausgabe, Band V, Frankfurt am Main 1982, S 74.
S. 29: »Was wir die ...« – Sigmund Freud: Bruchstück einer Hysterie-Analyse. In: ders.: Hysterie und Angst, Studienausgabe, Band VI, Frankfurt am Main 1982, S. 124.
S. 30: »(der) infantile(n) Amnesie ...« – Sigmund Freud: Drei Abhandlungen zur Sexualtheorie. In: ders.: Sexualleben, Studienausgabe, Band V, Frankfurt am Main 1982, S. 83.
S. 30: »Diese Erweiterung ist ...« – Sigmund Freud: Selbstdarstellung. In: ders.: Gesammelte Werke, Band. XIV, Frankfurt am Main 1991, S. 63.
S. 31: »Sexualtätigkeit ... von der ...« – Sigmund Freud: Drei Abhandlungen zur Sexualtheorie. In: ders.: Sexualleben, Studienausgabe, Band V, Frankfurt am Main 1982, S. 103.
S. 32: »Der Darminhalt ... wird ...« – Ebd., S. 93.
S. 32: »Die lange Abhängigkeit ...« – André Green: Der Kastrationskomplex, Tübingen 1996, S. 29.
S. 34: »mächtigsten Motor seiner ...« – Sigmund Freud: Die Weiblichkeit, 33. Vorlesung. In: ders.: Vorlesungen zur Einführung in die Psychoanalyse. Und Neue Folge, Studienausgabe, Band I, Frankfurt am Main 1982, S. 555.
S. 35: »in die ihr ...« – Ebd., S. 550.
S. 35: »Es merkt sofort ...« – Ebd., S. 555 f.
S. 35: »Übertragung des Kind-Penis-Wunsches ...« – Ebd., S 559.

S. 35: »Beim Knaben ... wird ...« – Sigmund Freud: Einige psychische Folgen des anatomischen Geschlechtsunterschieds. In: ders.: Sexualleben, Studienausgabe, Band V, Frankfurt am Main 1982, S. 265.
S. 35: »Zertrümmerung des Ödipuskomplexes« – Ebd., S. 265.
S. 36: »Wegschaffung der Klitorissexualität« – Ebd., S. 263.
S. 36: »Der Ödipuskomplex .... wird ...« – Sigmund Freud: Über die weibliche Sexualität. In: ders.: Sexualleben, Studienausgabe, Band V, Frankfurt am Main 1982, S. 279.
S. 37: »Die Pubertät leistet ...« – Sigmund Freud: Zur sexuellen Aufklärung der Kinder. In: ders.: Sexualleben, Studienausgabe, Band V, Frankfurt am Main 1982, S. 163.
S. 37: »bei allen Menschen ...« – Sigmund Freud: Drei Abhandlungen zur Sexualtheorie. In: ders.: Sexualleben, Studienausgabe, Band V, Frankfurt am Main 1982, S. 129 f.
S. 37: »eine völlige Gleichstellung ...« – Sigmund Freud: Einige psychische Folgen des anatomischen Geschlechtsunterschieds. In: ders.: Sexualleben, Studienausgabe, Band V, Frankfurt am Main 1982, S. 266.
S. 37: »Rätsel der Weiblichkeit« – Sigmund Freud: Die Weiblichkeit, 33. Vorlesung. In: ders.: Vorlesungen zur Einführung in die Psychoanalyse. Und Neue Folge, Studienausgabe, Band I, Frankfurt am Main 1982, S. 545.
S. 38: »am ehesten ambivalenzfreie ...« – Ebd., S. 563.
S. 38: »die Liebe des Mannes ...« – Ebd., S. 564.
S. 39: »Sie war eine ...« – Josef Breuer, Sigmund Freud: Studien über Hysterie. Einl. von Stavros Mentzos, Frankfurt am Main 1991, S. 84.
S. 41: »Der Fortschritt der ...« – Sigmund Freud: Drei Abhandlungen zur Sexualtheorie. In: ders.: Sexualleben, Studienausgabe, Band V, Frankfurt am Main 1982, S. 129 [Zusatz 1920].
S. 41: »daß die sexuelle ...« – Sigmund Freud: Briefe an Wilhelm Fliess. 1887–1904. Hrsg. von Jeffrey M. Masson. Bearb. d. dt. Fassung von Michael Schröter, ungekürzte Ausgabe, Frankfurt am Main 1986, S. 284.
S. 41: »Ich glaube an ...« – Ebd., S. 283 f.
S. 42: »Es scheint mir ...« – Sigmund Freud: Die Wege der Symptombildung, 23. Vorlesung. In: ders.: Vorlesungen zur Einführung in die Psychoanalyse. Und Neue Folge, Studienausgabe, Band I, Frankfurt am Main 1982, S. 362.
S. 42: »Unter den sexuellen Phantasien ...« – Sigmund Freud: Drei Abhandlungen zur Sexualtheorie. In: ders.: Sexualleben, Studienausgabe, Band V, Frankfurt am Main 1982, S. 129 [Zusatz 1920].

S. 43: »Ein einziger Gedanke ...« – Sigmund Freud: Briefe an Wilhelm Fliess. 1887–1904. Hrsg. von Jeffrey M. Masson, Frankfurt am Main 1986, S. 293.
S. 44: »Sein Schicksal ergreift ...« – Sigmund Freud: Die Traumdeutung. In: ders.: Die Traumdeutung, Studienausgabe, Band II, Frankfurt am Main 1982, S. 267.
S. 46: »Sieg der Generation ...« – Sigmund Freud: Einige psychische Folgen des anatomischen Geschlechtsunterschieds. In: ders.: Sexualleben, Studienausgabe, Band V, Frankfurt am Main 1982, S. 265.
S. 46: »doppelten Unterscheidungen ... vereinigt...« – André Green: Der Kastrationskomplex, Tübingen 1996, S. 33.
S. 47: »Der Kastrationsschreck beim ...« – Sigmund Freud: Fetischismus. In: ders.: Psychologie des Unbewußten, Studienausgabe Band III, Frankfurt am Main 1982, S. 385.
S. 48: »Von dieser Zeit ...« – Sigmund Freud: Libidoentwicklung und Sexualorganisationen, 21. Vorlesung. In: ders.: Vorlesungen zur Einführung in die Psychoanalyse. Und Neue Folge, Studienausgabe, Band I, Frankfurt am Main 1982, S. 331.
S. 49: »ist (es) beachtenswert ...« – Ebd., S. 331.
S. 49: »Das Ichideal ist ...« ...« – Sigmund Freud: Das Ich und das Es. In: ders.: Psychologie des Unbewußten, Studienausgabe, Band III, Frankfurt am Main 1982, S. 303.
S. 50: »diese Neuschöpfung einer ...« – Sigmund Freud: Die Zerlegung der psychischen Persönlichkeit, 31. Vorlesung. In: ders.: Vorlesungen zur Einführung in die Psychoanalyse. Und Neue Folge, Studienausgabe, Band I, Frankfurt am Main 1982, S. 502.
S. 50: »Es ist leicht ...« – Sigmund Freud: Das Ich und das Es. In: ders.: Psychologie des Unbewußten, Studienausgabe, Band III, Frankfurt am Main 1982, S. 304.
S. 50: »Die Bildung des ...« – Sigmund Freud: Die Weiblichkeit, 33. Vorlesung. In: ders.: Vorlesungen zur Einführung in die Psychoanalyse. Und Neue Folge, Studienausgabe, Band I, Frankfurt am Main 1982, S. 560.
S. 51: »Wo sie lieben ...« – Sigmund Freud: Über die allgemeinste Erniedrigung des Liebeslebens. In: ders.: Sexualleben, Studienausgabe, Band V, Frankfurt am Main 1982, S. 202.
S. 54: »ein höchst kompliziertes ...« – Sigmund Freud: Zur Psychotherapie der Hysterie. In: ders.: Schriften zur Behandlungstechnik, Studienausgabe, Ergänzungsband, Frankfurt am Main 1982, S. 83 f.

S. 55: »psychische Vorgänge ... als...« – Sigmund Freud: Der Entwurf einer Psychologie. In: ders.: Gesammelte Werke, Nachtragsband, Frankfurt am Main 1991, S. 387.
S. 56: »aus distinkten, gleich ...« – Ebd., S. 390.
S. 57: »Die Wunschbesetzung bis ...« – Ebd., S. 422.
S. 57: »die Komplikation der ...« – Sigmund Freud: Die Traumdeutung. In: ders.: Die Traumdeutung, Studienausgabe, Band II, Frankfurt am Main 1982, S. 513.
S. 57: »als ein zusammengesetztes ...« Ebd., S. 513.
S. 58: »nähere Beziehungen zum ...« – Ebd., S. 516.
S. 58: »mit dem zu...« – Ebd., S. 516 f.
S. 58: »Wir heißen es ...« – Ebd., S. 519.
S. 58: »Wahrnehmungsidentität, (die) nämlich...« – Ebd., S. 539.
S. 59: »bei welcher das ...« – Sigmund Freud: Die Libidotheorie und der Narzißmus, 26. Vorlesung. In: ders.: Vorlesungen zur Einführung in die Psychoanalyse. Und Neue Folge, Studienausgabe, Band I, Frankfurt am Main 1982, S. 401.
S. 60: »Es ist eine ...« – Sigmund Freud: Zur Einführung des Narzißmus. In: ders.: Psychologie des Unbewußten, Studienausgabe, Band III, Frankfurt am Main 1982, S. 44.
S. 60: »also irgend etwas ...« – Ebd., S. 44.
S. 60: »im vollen Sinne ...« – Jacques Lacan: Das Spiegelstadium als Bildner der Ichfunktion, wie sie uns in der psychoanalytischen Erfahrung erscheint. In: Jacques Lacan: Schriften, 1. Ausgew. u. hrsg. von Norbert Haas, Frankfurt am Main 1975, S. 64.
S. 60: »ursprünglichen Libidobesetzung des ...« – Sigmund Freud: Zur Einführung des Narzißmus. In: ders.: Psychologie des Unbewußten, Studienausgabe, Band III, Frankfurt am Main 1982, S. 43.
S. 61: »Der Kranke hat ...« – Sigmund Freud: Psychoanalytische Bemerkungen über einen autobiographisch beschriebenen Fall von Paranoia (Dementia paranoides). In: ders.: Zwang, Paranoia und Perversion, Studienausgabe, Band VII, Frankfurt am Main 1982, S. 192 f.
S. 61: »Reservoir der Libido« – Sigmund Freud: Jenseits des Lustprinzips. In: ders.: Psychologie des Unbewußten, Studienausgabe, Band III, Frankfurt am Main 1982, S. 261.
S. 61: »Allmacht der Gedanken« – Sigmund Freud: Zur Einführung des Narzißmus. In: ders.: Psychologie des Unbewußten, Studienausgabe, Band III, Frankfurt am Main 1982, S. 43.

S. 61: »Lutschen(s) oder Wonnesaugen(s)« – Sigmund Freud: Drei Abhandlungen zur Sexualtheorie. In: ders.: Sexualleben, Studienausgabe, Band V, Frankfurt am Main 1982, S. 89.
S. 62: »Das Ich findet ...« – Sigmund Freud: Triebe und Triebschicksale. In: ders.: Psychologie des Unbewußten, Studienausgabe, Band III, Frankfurt am Main 1982, S. 97.
S. 63: »Soweit die Herrschaft ...« – Sigmund Freud: Metapsychologische Ergänzung zur Traumlehre. In: ders.: Psychologie des Unbewußten, Studienausgabe, Band III, Frankfurt am Main 1982, S. 182.
S. 64: »Damit war ein ...« – Sigmund Freud: Formulierungen über die zwei Prinzipien des psychischen Geschehens. In: ders.: Psychologie des Unbewußten, Studienausgabe, Band III, Frankfurt am Main 1982, S. 18.
S. 64: »periodische(n) Absuchen(s) der ...« – Ebd., S. 19.
S. 64: »Es ist im ...« – Ebd., S. 20.
S. 64: »In Wirklichkeit bedeutet ...« – Ebd., S. 22.
S. 64: »eine kontinuierlich fließende ...« – Sigmund Freud: Drei Abhandlungen zur Sexualtheorie. In: ders.: Sexualleben, Studienausgabe, Band V, Frankfurt am Main 1982, S. 76.
S. 65: »als ein Grenzbegriff ...« – Sigmund Freud: Triebe und Triebschicksale. In: ders.: Psychologie des Unbewußten, Studienausgabe, Band III, Frankfurt am Main 1982, S. 85.
S. 66: »betätigen sich zunächst ...« – Sigmund Freud: Triebe und Triebschicksale. In: ders.: Psychologie des Unbewußten, Studienausgabe, Band III, Frankfurt am Main 1982., S. 89.
S. 66: »Die Verkehrung ins...« – . Sigmund Freud: Triebe und Triebschicksale. In: ders.: Psychologie des Unbewußten, Studienausgabe, Band III, Frankfurt am Main 1982, S. 90.
S. 67: »purifiziertes Lust-Ich ...« – Ebd., S. 98.
S: 67: »Der Haß ist als ...« – Ebd., S. 101.
S. 67: »Das Ich haßt ...« – Ebd., S. 100.
S. 67: »Erst mit der ...« – Ebd., S. 101.
S. 68: »Die eigentliche Verdrängung ...« – Sigmund Freud: Die Verdrängung. In: ders.: Psychologie des Unbewußten, Studienausgabe, Band III, Frankfurt am Main 1982, S. 109.
S. 68: »erfordert einen anhaltenden ...« – Ebd., S. 112.
S. 68: »Wiederkehr des Verdrängten« – Ebd., S. 115.
S. 69: »Libidoverschiebungen, welche unser ...« – Sigmund Freud: Das Unbehagen in der Kultur. In: ders.: Fragen der Gesellschaft. Ursprünge der Religion, Studienausgabe, Band IX, Frankfurt am Main, S. 211.

S. 70: »Vermeidung von Unlust ...« – Sigmund Freud: Jenseits des Lustprinzips. In: ders.: Psychologie des Unbewußten, Studienausgabe, Band III, Frankfurt am Main 1982, S. 217.
S. 71: »unter der Herrschaft ...« – Ebd., S. 227.
S. 72: »Stück der Vergangenheit ...« – Ebd., S. 228.
S. 73: »ruhende Besetzungen umzuwandeln« – Ebd., S. 240.
S. 73: »*Ein Trieb wäre* ...« – Sigmund Freud: Jenseits des Lustprinzips. In: ders.: Psychologie des Unbewußten, Studienausgabe, Band III, Frankfurt am Main 1982, S. 246.
S. 73: »Es muß vielmehr ...« – Ebd., S. 248.
S. 74: »nach seiner vollen ...« – Ebd., S. 251.
S. 74: »das Organische zu ...« – Ebd., S. 252.
S. 74: »nach Aufhebung der ...« – Ebd., S. 264.
S. 74: »Die Trieblehre ist ...« – Sigmund Freud: Angst und Triebleben, 32. Vorlesung. In: ders.: Vorlesungen zur Einführung in die Psychoanalyse. Und Neue Folge, Studienausgabe, Band I, Frankfurt am Main 1982, S. 529.
S. 75: »Die dritte und ...« – Sigmund Freud: Die Fixierung an das Trauma, das Unbewußte, 18. Vorlesung. In: ders.: Vorlesungen zur Einführung in die Psychoanalyse. Und Neue Folge, Studienausgabe, Band I, Frankfurt am Main 1982, S. 284.
S. 76: »Wir haben uns ...« – Sigmund Freud: Das Ich und das Es. In: ders.: Psychologie des Unbewußten, Studienausgabe, Band III, Frankfurt am Main 1982, S. 286.
S. 77: »daß alles Verdrängte ...« – S. 287.
S. 77: »Die älteste dieser ...« – Sigmund Freud: Abriß der Psychoanalyse. In: ders.: Gesammelte Werke, Band. XVII, Frankfurt am Main 1991, S. 67 f.
S. 77: »Kessel voll brodelnder ...« – Sigmund Freud: Die Zerlegung der psychischen Persönlichkeit, 31. Vorlesung. In: ders.: Vorlesungen zur Einführung in die Psychoanalyse. Und Neue Folge, Studienausgabe, Band I, Frankfurt am Main 1982, S. 511.
S. 78: dem Reiter, der ...« – Sigmund Freud: Das Ich und das Es. In: ders.: Psychologie des Unbewußten, Studienausgabe, Band III, Frankfurt am Main 1982, S. 294.
S. 78: »Alle Verdrängungen (sind) ...« – Sigmund Freud: Die endliche und unendliche Analyse. In: ders.: Schriften zur Behandlungstechnik, Studienausgabe, Ergänzungsband, Frankfurt am Main 1982, S. 367 f.

S. 78: »Die neue Erfahrung ...« – Sigmund Freud: Das Ich und das Es. In: ders.: Psychologie des Unbewußten, Studienausgabe, Band III, Frankfurt am Main 1982, S. 295.
S. 79: »Während der Melancholiker ...« – Sigmund Freud: Die Zerlegung der psychischen Persönlichkeit, 31. Vorlesung. In: ders.: Vorlesungen zur Einführung in die Psychoanalyse. Und Neue Folge, Studienausgabe, Band I, Frankfurt am Main 1982, S. 499.
S. 79: »So (wie der Vater) ...« – Sigmund Freud: Das Ich und das Es. In: ders.: Psychologie des Unbewußten, Studienausgabe, Band III, Frankfurt am Main 1982, S. 301 f.
S. 79: »Das Über-Ich ist ...« – – Sigmund Freud: Die Zerlegung der psychischen Persönlichkeit, 31. Vorlesung. In: ders.: Vorlesungen zur Einführung in die Psychoanalyse. Und Neue Folge, Studienausgabe, Band I, Frankfurt am Main 1982, S. 505.
S. 81: »all das, worin ...« – Sigmund Freud: Die Zukunft einer Illusion. In: ders.: Fragen der Gesellschaft. Ursprünge der Religion, Studienausgabe, Band IX, Frankfurt am Main 1982, S. 139 f.
S. 81: »die Übereinstimmung mit ...« – Sigmund Freud: Über eine Weltanschauung, 35. Vorlesung. In: ders.: Vorlesungen zur Einführung in die Psychoanalyse. Und Neue Folge, Studienausgabe, Band I, Frankfurt am Main 1982, S. 597.
S. 82: »Als ›Tiefenpsychologie‹, Lehre ...« – Sigmund Freud: Die Frage der Laienanalyse: Unterredungen mit einem Unparteiischen. In: ders.: Schriften zur Behandlungstechnik, Studienausgabe, Ergänzungsband, Frankfurt am Main 1982, S. 338 f.
S. 83: »Gesichtspunkte und Ergebnisse ...« – Sigmund Freud: Totem und Tabu. In: ders.: Fragen der Gesellschaft. Ursprünge der Religion, Studienausgabe, Band IX, Frankfurt am Main 1982, S. 291.
S. 83: »Allmacht der Gedanken« – Ebd., S. 374.
S. 85: »eine regelmäßige Phase ...« – Ebd., S. 394.
S. 85: »gegen die stärksten Gelüste...« – Ebd., S. 326.
S. 85: »die mit dem Totem ...« – Ebd., S. 299.
S. 85: »diese Wilden einen ...« – Ebd., S. 299.
S. 86: »Ein besonderer Zusatz ...« – Ebd.; S. 309.
S. 86: »das vom Inzestverlangen ...« – Ebd., S. 310.
S. 86: »Die Psychoanalyse hat ...« – Ebd., S. 310.
S. 87: »Die Berührung ist ...« – Ebd., S. 325.
S. 87: »Wenn die Übertretung ...« – Ebd., S. 326.
S. 90: »Der Tote wurde ...« – Ebd., S. 427.
S. 91: »schöpferische(n) Schuldbewußtsein(s)« – Ebd., S. 442.

S. 92: »lügenhafte Umdichtung der ...« – Sigmund Freud: Massenpsychologie und Ich-Analyse. In: ders.: Fragen der Gesellschaft. Ursprünge der Religion, Studienausgabe, Band IX, Frankfurt am Main 1982, S. 127.
S. 92: »eine starke praktische ...« – Sigmund Freud: Totem und Tabu. In: ders.: Fragen der Gesellschaft. Ursprünge der Religion, Studienausgabe, Band IX, Frankfurt am Main 1982, S. 427.
S. 94: »die Inzestscheu ... so übermächtig ...« – Ebd., S. 408.
S. 96: »der Arzt häufig ...« – Sigmund Freud: Die ‚kulturelle' Sexualmoral und die moderne Nervosität. In: ders.: Fragen der Gesellschaft. Ursprünge der Religion, Studienausgabe, Band IX, Frankfurt am Main 1982, S. 14.
S. 97: »deren Objekt er ...« – Sigmund Freud: Das Unbehagen in der Kultur. In: ders.: Fragen der Gesellschaft. Ursprünge der Religion, Studienausgabe, Band IX, Frankfurt am Main 1982, S. 260 (Fußnote).
S. 97: »die Grenzen wirklich ...« – Ebd., S. 199.
S. 98: »Ursprünglich enthält das ...« – Ebd., S. 200.
S. 98: »daß im Seelenleben ...« – Ebd., S. 201.
S. 98: »Das Leben, wie es ...« – Ebd., S. 207.
S. 99: »(a)uf keinem dieser Wege ...« – Ebd., S. 215.
S. 99: »d(er) Übermacht der Natur ...« – Ebd., S. 217.
S. 100: »Der Mensch ist ...« – Ebd., S. 222.
S. 100: »Die zielgehemmte Liebe ...« – Ebd., S. 232.
S. 101: »die einschneidendste Verstümmelung ...« – Ebd., S. 233.
S. 101: »Das Sexualleben des Kulturmenschen ...« – Ebd., S. 234 f.
S. 102: »unmöglich zu übersehen ...« – Ebd., S. 227 f.
S. 102: »Diese Menschenmengen sollen ...« – Ebd., S. 249.
S. 103: »daß die beiden Triebarten ...« – Ebd., S. 247.
S. 103: »noch in der blindesten ...« – Ebd., S. 248 f.
S. 103: »Lebenskampf der Menschenart« – Ebd., S. 249.
S. 103: »Infolge dieser primären ...« – Ebd., S. 241.
S. 104: »wahrscheinlich jüngste der ...« – Ebd., S. 267.
S. 104: »ein ausgezeichnetes Beispiel ...« – Ebd., S. 268.
S. 104: »Dieser Fremde ist ...« – Ebd., S. 239.
S: 104: »Die Aggression wird ...« – Ebd., S. 250.
S. 105: »Die Schicksalsfrage der ...« – Ebd., S. 270.
S. 106: »inzwischen fraglos zu ...« – Jan Assmann: Sigmund Freud als Kulturtheoretiker. Archäologie und Psychoanalyse. In: Wolfgang Hegener et al. (Hrsg.): Erinnern und Entdecken. Zur Aktualität Sigmund Freuds, Gießen 2007, S. 59.

S. 107: »Das neurotische Zeremoniell ...« – Sigmund Freud: Zwangshandlungen und Religionsübungen. In: ders.: Zwang, Paranoia und Perversion, Studienausgabe, Band VII, Frankfurt am Main 1982, S. 13.
S. 107: »Dies Schuldbewußtsein hat ...« – Ebd., S. 18.
S. 109: »schmerzliche Rätsel des Todes« – Sigmund Freud: Die Zukunft einer Illusion. In: ders.: Fragen der Gesellschaft. Ursprünge der Religion, Studienausgabe, Band IX, Frankfurt am Main 1982, S. 150.
S. 109: »Die Götter behalten ...« – Ebd., S. 152.
S. 110: »Für die Illusion ...« – Ebd., S. 165.
S. 110: »mit dem Leben ...« – Ebd., S. 171.
S. 111: »daß die Menschheit ...« – Ebd., S. 177.
S. 111: »in den Zeiten ...« – Ebd., S. 177.
S. 111: »den betrübenden Kontrast ...« – Ebd., S. 180.
S. 111: »die Erfolge der ...« – Ebd., S. 178.
S. 111: »die Stimme des ...« – Ebd., S. 186.
S. 112: »Angesichts der neuen ...« – Sigmund Freud, Arnold Zweig: Briefwechsel. Hrsg. von Ernst L. Freud, Frankfurt am Main 1968, S. 102.
S. 112: »die Mythen vom Paradies ...« – Sigmund Freud: Zur Psychopathologie des Alltagslebens. In: ders.: Gesammelte Werke, Band. IV, Frankfurt am Main 1991, S. 288.
S. 112: »daß die religiösen ...« – Sigmund Freud: Der Mann Moses und die monotheistische Religion: Drei Abhandlungen. In: ders.: Fragen der Gesellschaft. Ursprünge der Religion, Studienausgabe, Band IX, Frankfurt am Main 1982, S. 507.
S. 113: »Respekt vor der ...« – Ebd., S. 461.
S. 113: »durch die Sage ...« – Ebd., S. 466.
S. 114: »die Idee einer einzigen ...« – Ebd., S. 499.
S. 114: »vielleicht bis zur ...« – Ebd., S. 496.
S. 114: »eine Art von Erinnerung ...« – Ebd., S. 569.
S. 115: »Haufen von eingewanderten ...« – Ebd., S. 469.
S. 115: »An einer nicht ...« – Ebd., S. 531 f.
S. 116: »Was in der ...« – Ebd., S. 517.
S. 117: »daß jedes aus ...« – Ebd., S. 533.
S. 117: »Ein Teil ihrer ...« – Ebd., S. 567.
S. 117: »Fortschritt in der Geistigkeit« – Ebd., S. 573.
S. 117: »Es ist das ...« – Ebd., S. 559.
S. 118: »es wurde nicht ...« – Ebd., S. 534.

S. 118: »jedem Schritt der ...« – Karl Stockreiter: Am Rand der Aufklärungsmetapher. Korrespondenzen zwischen Archäologie und Psychoanalyse. In: Lydia Marinelli (Hg.): Meine alten und dreckigen Götter. Aus Sigmund Freuds Sammlung, Stroemfeld 1998, S. 91.

S. 118: »Wenn wir die ...« – Sigmund Freud: Der Mann Moses und die monotheistische Religion: Drei Abhandlungen. In: ders.: Fragen der Gesellschaft. Ursprünge der Religion, Studienausgabe, Band IX, Frankfurt am Main 1982, S. 546.

Personenregister

Begriffsregister